Objekttechnologie

Reihenherausgeber

Martin Schader, Mannheim

Springer

Berlin
Heidelberg
New York
Barcelona
Budapest
Hongkong
London
Mailand
Paris
Santa Clara
Singapur
Tokio

Objekttechnologie

Martin Schader und Michael Rundshagen
Objektorientierte Systemanalyse
XIII, 241 Seiten, 2., neubearb. u. erw. 1994, ISBN 3-540-60726-9

Martin Schader und Stefan Kuhlins
Programmieren in C++
XIII, 386 Seiten, 4., neubearb. u. erw. 1997, ISBN 3-540-61834-1

Martin Schader

Objektorientierte Datenbanken

Die C++-Anbindung des ODMG-Standards

Mit 29 Abbildungen

Springer

Professor Dr. Martin Schader
Universität Mannheim
Lehrstuhl für Wirtschaftsinformatik III
Schloß
D-68131 Mannheim

Die Deutsche Bibliothek - CIP-Einheitsaufnahme

Schader, Martin:
Objektorientierte Datenbanken : die C++-Anbindung des
ODMG-Standards / Martin Schader. - Berlin ; Heidelberg ;
New York ; Barcelona ; Budapest ; Hongkong ; London ;
Mailand ; Paris ; Santa Clara ; Singapur ; Tokio : Springer, 1997
 (Objekttechnologie)
 ISBN 3-540-61918-6

ISBN 3-540-61918-6 Springer-Verlag Berlin Heidelberg New York

Umschlaggestaltung: Struwe & Partner, Heidelberg

SPIN 10134102   42/2202-5 4 3 2 1 0 - Gedruckt auf säurefreiem Papier

Vorwort

Das andauernde erfolgreiche Vordringen objektorientierter Technologien in alle Bereiche der Softwareentwicklung läßt sich auch an der zunehmenden Anzahl kommerziell verfügbarer objektorientierter Datenbanksysteme erkennen. Ergänzend zu der seit Beginn der achtziger Jahre betriebenen Forschung auf der technologischen Seite wird nun seit Jahren auch an der Standardisierung der entwickelten Sprachen, Tools und Systeme gearbeitet.

Auf dem Datenbanksektor befaßt sich die „Object Database Management Group" (ODMG) mit der Normierung einer Objektdefinitionssprache, einer Objektmanipulationssprache und einer Anfragesprache.

Im vorliegenden Buch wird der ODMG-Standard Release 1.2 behandelt, wie er in Cattell (1996) und den ergänzenden Dokumenten auf dem WWW-Server der ODMG (http://www.odmg.org) beschrieben ist.

Das Buch ist aus einem Vorlesungszyklus „Objekttechnologie", der an der Universität Mannheim gehalten wird, entstanden. Es wendet sich an Leser, die über gute C++-Grundkenntnisse verfügen. Die einzelnen Bestandteile des Standards – genauer seiner C++-Anbindung – werden anhand vieler Programmfragmente und kleiner Beispielprogramme erklärt. Diese Beispiele sind in keiner Weise als vollständig, sondern lediglich als illustrativ für den jeweils diskutierten Gegenstand anzusehen; sie sind in der Regel sehr kurz gehalten, und fast immer wurde auf eine komplette Fehlerbehandlung verzichtet. Die Leserinnen und Leser müssen sich darüber im klaren sein, daß hier noch eigenständig weiterentwickelt werden muß.

Zum Test der abgedruckten Codebeispiele wurden Poet 4.0 und Omniscience 2.2 (unter Windows NT) sowie O2 Release 4.6 und eine auf ObjectStore 4.0 basierende Eigenentwicklung (unter Sun-Solaris) eingesetzt. Beim Schreiben von Anwendungsprogrammen müssen je nach verwendetem Produkt unter Umständen noch einige zusätzliche systemspezifische Funktionsaufrufe, z.B. zur Herstellung der Verbindung zum Server oder zum Beginn einer „Sitzung", in die Funktion main() aufgenommen werden. Auch einige der OQL-Beispiele in Kapitel 5 können noch nicht auf allen Systemen getestet werden, da manche Konzepte noch nicht vollständig implementiert sind.

Die am Lehrstuhl für Wirtschaftsinformatik III der Universität Mannheim entwickelte ODMG-Schnittstelle für ObjectStore ist im Rahmen einer „General Public License" frei verfügbar. Hinweise auf die zum Einsatz aktuell benötigte Systemumgebung (Sun-Solaris, ObjectStore, SPARCompiler C++) erhält man durch eine *Email*-Anfrage an odmg@wifo.uni-mannheim.de. An dieser Stelle möchte ich der Gesellschaft der Freunde der Universität Mannheim danken, deren Unterstützung das ODMG-Projekt erst ermöglicht hat.

Für das sorgfältige Korrekturlesen und das Testen von Programmen danke ich Gert-Jan Los, Stefan Marx und Lars Schmidt-Thieme. Weiterhin gilt mein Dank Dr. Werner A. Müller und seinem Team beim Springer-Verlag, Heidelberg, für die – wie immer – ausgezeichnete Zusammenarbeit.

Über Anregungen und Verbesserungsvorschläge seitens der Leser an meine Postanschrift oder an odmg@wifo.uni-mannheim.de würde ich mich freuen.

Mannheim, Januar 1997   Martin Schader

Inhaltsverzeichnis

Kapitel 1

Einleitung

1.1 Die Ziele der ODMG

Die „Object Database Management Group" (ODMG) ist ein Konsortium bekannter Hard- und Softwarehersteller (u.a. HP, IBM, Itasca, MICRAM, O_2, Object Design, Objectivity, ONTOS, POET, Servio, Texas Instruments, Versant). Ziel der ODMG-Arbeit ist die Schaffung eines Standards für objektorientierte Datenbanksysteme – vergleichbar mit der erfolgreichen Entwicklung von SQL für den relationalen Ansatz. Mit der Definition eines Standards sollen vor allem die beiden folgenden Ziele erreicht werden:

- Ein standardkonformes Anwendungsprogramm soll unverändert auf unterschiedlichen Datenbankprodukten und in verschiedensten Hard- und Softwareumgebungen übersetzbar und lauffähig sein. Das heißt, der in Abbildung 1.1 grau schattierte Systemteil soll austauschbar sein, ohne daß Änderungen an den von den Systembenutzern entwickelten Programmen erforderlich werden.

- Auf die Datenbanken eines ODMG-konformen Datenbanksystems sollen in verschiedenen Programmiersprachen entwickelte Anwendungsprogramme gleichzeitig zugreifen können. Die C++-Anwendung in Abbildung 1.1 soll also beispielsweise durch eine Smalltalk-Anwendung ersetzbar sein. Und beide Anwendungsprogramme können auf die in einer Datenbank gespeicherten Objekte zugreifen, Objekte erzeugen, verändern oder löschen.

Neben den beiden genannten Zielsetzungen erwarten die ODMG-Mitglieder, daß sich durch die Standardisierung die Akzeptanz und Vermarktbarkeit ihrer Datenbanksysteme weiter verbessern wird. Die Definition eines Standards bedeutet jedoch nicht, daß

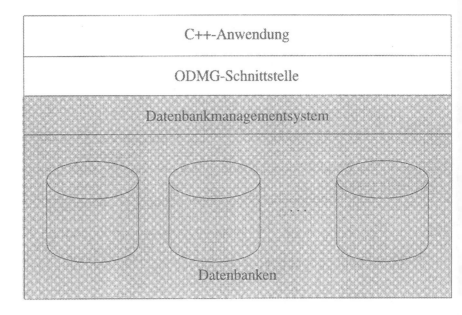

Abbildung 1.1: Datenbanksystem mit ODMG-Schnittstelle

es in Zukunft nur noch identische objektorientierte Datenbanksysteme (ODBS) geben
wird. Zum Beispiel bieten sich im Hinblick auf Anfrageoptimierung, intelligentes Ca-
ching und Clustering, verfügbare Klassenbibliotheken und Entwicklungswerkzeuge
vielfältige Möglichkeiten zur Produktdifferenzierung.

1.2 Die Hauptbestandteile des Standards

Die aktuelle Version, Revision 1.2, des Standards (vgl. Cattell (1996)) besteht aus den
folgenden fünf Komponenten, von denen die ersten vier im Rahmen dieser Einführung
behandelt werden.

Objektmodell.
Bevor man die Standard-Eigenschaften eines ODBS definieren kann, ist zu
klären, welche Informationen in seinen Datenbanken gespeichert werden sollen. Mit dem Objektmodell wird festgelegt, was ein ODMG-konformes Datenbanksystem über Objekte, ihre Eigenschaften und ihr Verhalten „wissen" muß.

Objektdefinitions-Sprache.
Mit der standardisierten Objektdefinitions-Sprache ODL (der „Object Definition Language") werden die für eine Anwendung benötigten Klassen mit

ihren Schnittstellen, Vererbungstrukturen und Objektbeziehungen – also das *Objektschema* – beschrieben. Die ODL ist programmiersprachenunabhängig, aber stark an C++ angelehnt und daher für C++-Entwickler leicht verständlich. Sie ist eine reine Schnittstellenbeschreibungs-Sprache; Methodenrümpfe und sonstige Funktionen müssen in der zur Anwendungsentwicklung verwendeten Programmiersprache definiert werden.

C++-Anbindung.
Die C++-Anbindung des Standards legt fest, wie Anwendungen, die Objekte in einer Datenbank speichern, sie manipulieren, wieder löschen usw. in C++ zu schreiben sind. Hier kann vollständing in Standard-C++ entwickelt werden. Es wird lediglich eine Reihe von ODMG-Klassen benötigt, deren Elementfunktionen die *C++-Objektmanipulations-Sprache* C++-OML (die „Object Manipulation Language") bilden.

Da existierende ODBS mit wenigen Ausnahmen auf C++-Implementationen basieren, beinhaltet die C++-Anbindung des Standards auch eine C++-Version der ODL – die sog. C++-ODL –, die es gestattet, unter Verwendung der entsprechenden Bibliotheksklassen, auch die Schemadefinition in Standard-C++ vorzunehmen.

Anfragesprache.
Zur Formulierung von Ad-hoc-Anfragen an eine Datenbank steht eine deklarative Anfragesprache OQL (die „Object Query Language") zur Verfügung, die das Navigieren zwischen den Objekten im Vergleich zur Verwendung von Iteratorfunktionen der C++-OML stark vereinfachen kann. Es besteht darüber hinaus die Möglichkeit, OQL-Anfragen in Anwendungsprogramme einzubetten. Die OQL basiert auf SQL, hat aber eine vergleichsweise bereinigte Syntax und kennt beispielsweise keine create-, update-, insert- oder delete-Anweisungen.

Smalltalk-Anbindung.
Analog zur C++-Anbindung ist auch für die Anwendungsentwicklung in Smalltalk eine Anbindung definiert, die in diesem Buch nicht behandelt wird.

Mit den geschilderten Komponenten gestaltet sich die Entwicklung einer C++-Anwendung so, wie es in Abbildung 1.2 dargestellt ist: Die Deklarationen für Klassen, deren Objekte in einer Datenbank speicherbar sein sollen, werden in ODL bzw. direkt in C++-ODL geschrieben. Mittels Präprozessor („Parser", „Schemagenerator", „Präcompiler") erhält man daraus Schemainformationen, die in der Datenbank abgelegt werden, sowie C++-Header-Dateien. Das Anwendungsprogramm wird in C++

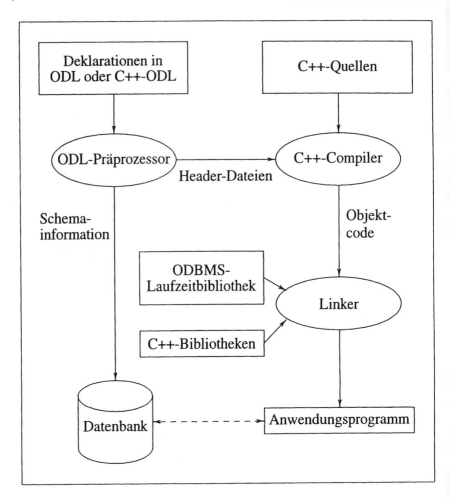

Abbildung 1.2: Einsatz einer ODMG-Umgebung

entwickelt; es kann bereits OQL-Anfragen enthalten. Die generierten Header-Dateien sind gegebenenfalls um noch fehlende Rümpfe von Elementfunktionen bzw. Definitionen von static Datenelementen zu ergänzen. Die nun vorliegenden Header- und Programmdateien werden mit einem Standard-C++-Compiler übersetzt. Der Linker muß Zugriff auf die ODMG-Bibliotheken des verwendeten objektorientierten Datenbankmanagementsystems (ODBMS) haben, damit er C++-OML- bzw. C++-ODL-Konstruktionen einbinden kann.

Sofern das ODBMS einen OQL-Interpreter zur Verfügung stellt, sind auch unabhängig von Anwendungsprogrammen Ad-hoc-Anfragen bezüglich der in einer Datenbank enthaltenen Objekte möglich.

1.3 Die Zusammenarbeit mit anderen Gremien

Die ODMG arbeitet mit verschiedenen anderen Gremien des ANSI („American National Standards Institute") zusammen, z.B. X3H2 und X3J16, die sich mit der SQL3- bzw. C++-Standardisierung befassen. SQL3 kann die Fortentwicklung der OQL beeinflussen, und in bezug auf den C++-Standard ist eine weitere Anpassung der Collection-Klassen und der Iteratoren der C++-OML an die entstehende C++-Standardbibliothek zu erwarten.

Darüber hinaus bestehen Kontakte zur „Object Management Group" (OMG), einem Industriekonsortium, das sich generell um die Verbreitung und Standardisierung der Objekttechnologie bemüht. Einer der ersten Standards der OMG ist die „Common Object Request Broker Architecture" (CORBA), die die Nachrichtenübermittlung in Rechnernetzen beschreibt, vgl. OMG (1996*a*).

Während sich die OMG wesentlich damit befaßt, wie Nachrichten zu entfernten Empfängerobjekten gelangen, um dort Methoden aufzurufen, standardisiert die ODMG die Verlagerung von Objekten in Anwendungsprogramme, um Methoden *vor Ort* auszuführen. Im Rahmen ihrer „Common Object Services Specification" (COSS) hat die OMG u.a. einen „Persistence Service", einen „Object Relationship Service" und einen „Transaction Service" definiert und den ODMG-Standard als konform zur Spezifikation dieser Dienste akzeptiert, vgl. OMG (1996*b*).

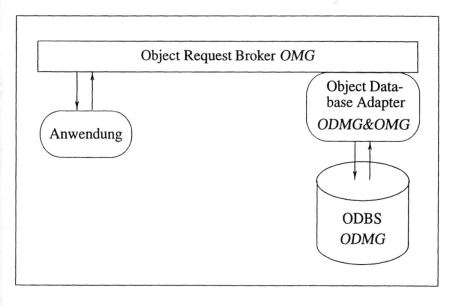

Abbildung 1.3: Zusammenarbeit von ODMG und OMG

Die beiden Gremien beabsichtigen, in Zukunft enger zusammenzuarbeiten, wobei
eine Verzahnung der wichtigsten Komponenten über einen „Object Database Adapter"
geplant ist, mit dessen Hilfe Datenbank-Objekte beim „Object Request Broker", dem
Objektbus der OMG registriert werden können. Dieses Zusammenspiel von OMG-
und ODMG-Komponenten zeigt Abbildung 1.3.

Kapitel 2

Das ODMG-Objektmodell

2.1 Überblick und Beispiele

Das Objektmodell ist wichtiger Systembestandteil eines ODBMS, da es klärt, welche Softwareeinheiten in der Datenbank gespeichert werden können und weiterhin die Semantik festlegt, die das betreffende System versteht.

Die Schnittstelle der zu modellierenden Objekte, genauer: ihrer Typen, wird durch die Objektdefinitions-Sprache ODL spezifiziert. Alternativ kann auch die C++-ODL eingesetzt werden. Nach dieser *Schemadefinition* (der Abbildung des Problembereichs) erfolgt die Implementierung der typspezifischen Methoden in der C++-OML. Bei der Schnittstellenbeschreibung können die folgenden Konstrukte verwendet werden:

- Die modellierten Grundelemente sind *Objekte*. Es gibt Objekte, die vom ODBMS mit einer eindeutigen *Objektidentität* versehen werden – sie können dann in einer Datenbank gespeichert werden. Objekte ohne Objektidentität können dagegen nicht in Datenbanken aufgenommen werden. In Anlehnung an die C++-Literalkonstanten, für die (mit Ausnahme der Zeichenketten) kein Speicherplatz reserviert wird, bezeichnet man diese Objekte auch als *Literale*. Solange ein Objekt existiert, kann sich seine Identität nicht ändern. Über die Vergabe von Objektidentitäten entscheidet man bei der Spezifikation der Objekttypen.

- Objekte lassen sich nach ihrem jeweiligen *Typ* klassifizieren. Alle Objekte eines Typs sind gekennzeichnet durch gleiche *Charakteristiken*, nämlich gleichförmiges *Verhalten* und eine gemeinsame Menge möglicher *Zustände*. Objekte werden auch als *Instanzen* ihres Typs bezeichnet.

- Der Zustand eines Objekts ist durch die Werte einer Reihe von *Eigenschaften* definiert. Diese Eigenschaften können *Attribute* des Objekts oder *Beziehungen* zwischen dem Objekt und einem oder mehreren (anderen) Objekten sein. Während seiner Lebensdauer unterliegt ein Objekt typischerweise verschiedenen Zustandsänderungen.

- Das Verhalten von Objekten ist durch eine Menge von *Methoden* definiert, die das Objekt ausführen kann.

- Eine *Datenbank* speichert Objekte. Sie basiert auf dem mit Hilfe der ODL oder C++-ODL spezifizierten *Schema* und enthält Objekte, deren Typen in diesem Schema definiert sind.

Bei der Anwendungsentwicklung benutzt man die aufgeführten Konstrukte, um die Klassen, Objekte, Klassenstrukturen und Objektbeziehungen der speziellen Anwendung in das Objektschema abzubilden. Details der Modellierungsmöglichkeiten, die in den folgenden Abschnitten behandelt werden, sollen durch zwei Beispiele, die wir immer wieder aufgreifen und weiterentwickeln, veranschaulicht werden. Dabei kommt die in Coad *et al.* (1995) oder Schader und Rundshagen (1996) verwendete Notation zum Einsatz.

Beispiel 1
Es soll ein System entwickelt werden, das Giro- und Festgeldkonten von Bankkunden verwaltet. Ein Konto wird jeweils bei einer bestimmten Filiale einer Bank geführt. Kunden können über mehrere Konten verfügen; ebenso kann ein Konto mehrere Inhaber haben. Jede Filiale hat genau einen Filialleiter. Und umgekehrt leitet ein Filialleiter genau eine Filiale.

Beispiel 2
Die Erfassung und Verwaltung von Bestellungen innerhalb einer Unternehmung soll durch ein Informationssystem unterstützt werden. Eine Bestellung besteht aus mehreren Positionen. Mit jeder Position wird eine bestimmte Menge eines Produkts bestellt. Jede Bestellung wird bei einem Lieferanten in Auftrag gegeben. Ein Lieferant wickelt in der Regel mehrere Bestellungen ab.

2.2 Typen, Klassen und ihre Eigenschaften

Alle Objekte, die über dieselbe Schnittstellendefinition erzeugt werden, haben denselben Typ. Der Typ eines Objekts wird bei seiner Erzeugung festgelegt und kann danach nicht mehr verändert werden. Getrennt von der ODL-Definition der Schnittstelle eines Typs erfolgt seine konkrete Implementierung mittels der C++-OML. Neben den Methodendefinitionen sind dabei die Attribute und Objektbeziehungen zu realisieren. Und in der Regel sind weitere Implementationsdetails, die nicht zur öffentlichen Typschnittstelle gehören, festzulegen.

Ein Objekttyp kann mehrere Implementationen besitzen – z.B. eine C++- und eine Smalltalk-Implementation. In einem Anwendungsprogramm kann jedoch nur eine Implementation eingesetzt werden. Die Implementation eines Typs wird als *Klasse* bezeichnet.

2.2.1 Vererbungsstrukturen

Typen können in einem zyklenfreien Vererbungsgraphen von *Subtypen* und *Supertypen* organisiert werden. Ein Subtyp *erbt* alle Charakteristiken seiner Supertypen und kann diese verwenden, als seien sie in seiner Schnittstellendefinition spezifiziert. Er kann darüber hinaus zusätzliche Charakteristiken definieren. Ebenso ist es möglich, die geerbten Charakteristiken seiner Supertypen zu spezialisieren; auf diese Weise können polymorphe Methodenaufrufe realisiert werden. Jedes Objekt ist Instanz des Typs mit dem es definiert wurde und gleichzeitig Instanz aller Supertypen dieses Typs. Ein Objekt eines Subtyps kann damit in jedem Kontext eingesetzt werden, in dem der Supertyp verwendet werden kann.

Es gibt *abstrakte Typen*, für die keine Objekte erzeugt werden können, da mit ihnen nur ein Konzept beschrieben wird, dessen verschiedene Ausprägungen in abgeleiteten Subtypen spezifiziert werden muß. Und es gibt *konkrete Typen*, die direkt instanzierbar sind.

Für Beispiel 1 modellieren wir den Typ Konto abstrakt und leiten davon die konkreten Subtypen GiroKto und FestgeldKto ab. In dieser Anwendung soll es keine „Konten an sich", sondern nur spezielle Konten, wie Giro- oder Festgeldkonten geben. In Abbildung 2.1 ist dieser Sachverhalt in der von uns verwendeten Notation dargestellt: Man erkennt, daß konkrete Typen durch die Umrandung ihres Typsymbols von abstrakten Typen unterschieden werden und daß der Halbkreis bei einer Vererbungsstruktur in Richtung des Supertyps zeigt. Die freigebliebenen Felder werden im folgenden die Objektcharakteristiken der abgebildeten Typen aufnehmen.

Sieht man von der strikten Trennung zwischen Schnittstelle und Implementation ab, die in C++ zwar sinnvoll ist, aber nicht erzwungen wird – man könnte z.B. alle Elementfunktionen innerhalb ihrer Klassendefinition (inline) definieren –, so unterschei-

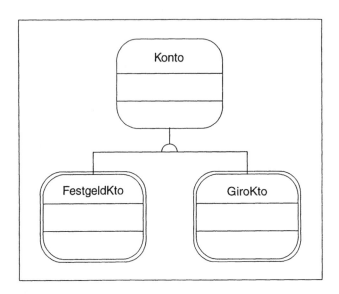

Abbildung 2.1: Vererbungsstruktur zwischen Supertyp und Subtypen

det sich das ODMG-Modell vom C++-Objektmodell nur bezüglich der verschiedenen Bezeichnungsweisen: Supertyp statt Basisklasse, Subtyp statt abgeleiteter Klasse und bei der Differenzierung zwischen Typen und Klassen, die C++ nicht kennt.

2.2.2 Extensionen

Die *Extension* eines Typs ist die Menge, die zu jedem Zeitpunkt alle existierenden Objekte des Typs enthält. Bei der Definition eines Typs kann festgelegt werden, daß das ODBMS seine Extension anlegen und aktualisieren soll. Wenn A Subtyp von B ist, so ist die Extension von A Teilmenge der Extension von B. Das heißt, jedes A-Objekt ist dann auch in der Extension von B enthalten.

Die Extension eines Typs wird oft als *Einstiegspunkt* bei Anfragen an die Datenbank verwendet. Beispielsweise wird man eine Anfrage zur Ermittlung der um mehr als 10000 DM überzogenen Konten an die Extension des Typs GiroKto richten.

2.2.3 Schlüssel

Ein *Schlüssel* ist eine Typeigenschaft, deren Werte die verschiedenen Objekte eines Typs eindeutig identifizieren können. Ein *zusammengesetzter Schlüssel* ist eine Menge von Eigenschaften, die zusammen Objekte eindeutig identifizieren können.

Wenn man Schlüssel für einen Typ definiert, überwacht das ODBMS beim Erzeugen, Kopieren und Verändern von Objekten die Eindeutigkeit der entsprechenden Objekteigenschaften. Diese Eindeutigkeit bezieht sich immer auf die Extension des zugehörigen Typs. Es können daher nur dann Schlüssel für einen Typ definiert werden, wenn die Extension des Typs erzeugt wird.

Für das Beispiel 1 ist es sinnvoll, die Eindeutigkeit der Kontonummern sicherzustellen und die Kontonummer als Schlüssel für den Typ Konto zu spezifizieren. Bei der Bestellung aus Beispiel 2 können Bestellnummer und -datum als zusammengesetzter Schlüssel benutzt werden.

Die beiden letzten Typeigenschaften des ODMG-Objektmodells: Extensionen bzw. Schlüssel sind für C++ nicht als eigenständige Konstrukte bekannt. Sofern man eine Extension benötigt, kann man die entsprechende Menge als static Datenelement in die Klassendefinition aufnehmen, das in den Konstruktoren und im Destruktor aktualisiert werden muß. Die Kontrolle der Eindeutigkeit von Schlüsseln ist durch die Aufnahme von Vor- oder Nachbedingungen in alle Elementfunktionen, die Objekte modifizieren, realisierbar. (Vgl. hierzu die Übungsaufgaben 1 und 2 am Ende dieses Kapitels.)

2.3 Objekte

2.3.1 Objektidentitäten

Ein ODBMS muß in der Lage sein, alle in einer seiner Datenbanken gespeicherten Objekte voneinander zu unterscheiden. Und wenn ein Objekt gespeichert und danach wieder geladen wird, muß es sich in bezug auf seine Charakteristiken so verhalten, als sei es nie gespeichert worden.

Aus diesem Grund erhalten alle zu speichernden Objekte eine eindeutige Objektidentität (kurz: OID). Diese ist eindeutig für die Datenbank des Objekts und ändert sich während der gesamten Lebensdauer des Objekts nicht, auch wenn sich dessen Objekteigenschaften ändern. Objektidentitäten werden insbesondere eingesetzt, um die Beziehungen zwischen Objekten – gleichgültig ob diese (oder ein Teil von ihnen) sich in der Datenbank oder im Speicher eines Anwendungsprogramms befinden – integer zu halten. Eine OID ist nicht mit einem Schlüssel zu verwechseln, dessen Wert sich zur Laufzeit ändern kann.

Objekte erhalten eine OID, wenn ihr Typ in der ODL mit dem Schlüsselwort interface spezifiziert wird oder in C++-ODL, wenn von der Klasse d_Object abgeleitet wird:

```
// ODL
interface Bestellung { ..... };
```

```
// C++-ODL
class Bestellung : public d_Object { ..... };
```

Objekte, deren Typ auf andere Weise spezifiziert wurde – z.b. Objekte eines vordefinierten Typs (short, long, . . .), eines Aufzählungstyps oder einer nicht von d_Object abgeleiteten Klasse (Date, Time, . . .) – sind Literale. Sie haben keine OID und können nicht eigenständig gespeichert werden; lediglich als eingebettete Teilobjekte innerhalb von Objekten mit OID sind sie in einer Datenbank speicherbar.

Ein einzelnes Datum, beispielsweise der 15. Juli 1997, kann daher nicht gespeichert werden. (Hierfür ist auch kaum eine sinnvolle Anwendung vorstellbar.) Es kann aber Attributwert in einer Bestellung sein und mit dieser in eine Datenbank aufgenommen werden.

Objektidentitäten werden durch das ODBMS erzeugt. Anwendungsprogramme haben in der Regel keinen Zugriff auf die OID ihrer Objekte. Es handelt sich hier um eine wichtige Erweiterung des C++-Objektmodells, das Objekte zur Laufzeit durch ihre Speicheradresse identifiziert.

2.3.2 Objektnamen

Neben der OID, die vom ODBMS zugewiesen wird, kann ein Objekt durch Anwender mit einem oder mehreren für die jeweilige Problemstellung sinnvollen *Namen* versehen werden. Diese Namen werden durch Zeichenketten repräsentiert. Pro Datenbank gibt es einen gemeinsamen Namensbereich für Objektnamen. Das heißt, eine bestimmte Zeichenkette kann in einer Datenbank nur einmal zur Benennung eines einzigen Objekts benutzt werden.

Es ist möglich, ein Objekt eines gegebenen Namens aus der Datenbank zu laden. Objektnamen können auch gelöscht oder verändert werden. Da Benutzer keine Kenntnis über die OID ihrer Objekte haben, hätte man ohne die Möglichkeit, Namen zu vergeben und benannte Objekte wieder zu finden, keinerlei Zugriff auf die in einer Datenbank gespeicherten Objekte. Benannt werden *Wurzelobjekte*, deren Objektbeziehungen man weiterverfolgt, um auf andere in derselben Datenbank gespeicherte Objekte zuzugreifen. In diesem Sinne sind benannte Objekte Einstiegspunkte in die Datenbank, von denen aus man mittels OML oder OQL entlang den Objektbeziehungen durch die Datenbank *navigiert*.

Ein Name gehört nicht wie ein Schlüssel zu den Charakteristiken eines Objekts. In der Regel legt ein ODBMS eine Funktionstabelle an, in der die Zuordnung Objektname – OID verwaltet wird. Auch hier handelt es sich um eine Erweiterung des C++-Objektmodells. In C++ gibt es keine Objektnamen. Sie lassen sich jedoch leicht realisieren; vgl. Übungsaufgabe 3 am Ende des Kapitels.

2.3.3 Die Lebensdauer von Objekten

Die *Lebensdauer* eines Objekts ist unabhängig von seinem Typ. Sie wird bei der Objekterzeugung festgelegt und kann danach nicht mehr verändert werden. Das ODMG-Objektmodell unterscheidet Objekte mit *transienter* und Objekte mit *persistenter* Lebensdauer.

Transiente Objekte haben eine Lebensdauer, die spätestens mit dem Ende des Prozesses, der sie erzeugt hat, beendet ist. In C++ gibt es hier drei Möglichkeiten: Objekte können im Datenteil eines Programms (static) gespeichert sein und werden dann beim Programmende gelöscht. Mit dem new-Operator kann man Objekte auch auf dem Heap erzeugen; diese werden durch einen expliziten delete-Aufruf oder beim Programmende gelöscht. Schließlich werden lokale Objekte oder Funktionsparameter auf dem Stack angelegt und wieder gelöscht, wenn der Kontrollfluß ihren Block verläßt bzw. wenn der Funktionsaufruf beendet ist.

Persistente Objekte werden im Sekundärspeicher angelegt und vom ODBMS verwaltet. Das ODBMS entscheidet, wo (in der Datenbank, im Objekt-Cache, im Hauptspeicher einer Anwendung usw.) sich ein persistentes Objekt zu einem bestimmten Zeitpunkt befindet. Es verwendet dabei die OID. Ein persistentes Objekt kann nur durch die entsprechende Anweisung in einem Anwendungsprogramm oder durch das Löschen seiner kompletten Datenbank gelöscht werden. Man bezeichnet persistente Objekte auch als *Datenbankobjekte*. Das C++-Modell kennt lediglich transiente Objekte. Es ist die wesentliche Aufgabe eines ODBS, Objektpersistenz zu ermöglichen.

2.3.4 Atomare Objekte und Collection-Objekte

ODMG-Objekte sind entweder *atomar*, oder sie haben einen *Collection*-Typ. Atomar sind die von den Benutzern mittels ODL oder C++-ODL definierten Typen. Ihre Objekte bestehen nicht aus Komponenten, die selbst wieder persistent sein können.

Dagegen enthält ein Collection-Objekt eine beliebige Anzahl von Elementen gleichen Typs. Diese Elemente können Literale, atomare Objekte oder wieder Collection-Objekte (anderen Typs) sein. Jedes ODMG-Datenbanksystem muß einen abstrakten Typ Collection<T> und die davon abgeleiteten Subtypen

    set<T>
    bag<T>
    list<T>
    array<T>

zur Verfügung stellen. Collection-Typen sind parametrisierte Typen, wobei T hier den Parameter bezeichnet. Alle Elemente eines Collection-Objekts müssen vom selben Typ T sein.

Die Collection-Typen unterscheiden sich bezüglich ihrer Größe, der Anordnung ihrer Elemente und in der Handhabung von Duplikaten; siehe Tabelle 2.1. Weiterhin stellen sie unterschiedliche Funktionen zum Einfügen und Entfernen von Elementen, zur Vereinigungs- oder Durchschnittsbildung bei set- und bag-Objekten, zum Zugriff auf das an einer bestimmten Position befindliche Element bei list- und array-Objekten usw. zur Verfügung. Diese Funktionen besprechen wir detaillierter bei der Behandlung der entsprechenden Klassen der C++-Anbindung in Abschnitt 4.4.7.

Typ	Größe variabel?	Elemente geordnet?	Duplikate gestattet?
set	ja	nein	nein
bag	ja	nein	ja
list	ja	ja	ja
array	ja	ja	ja

Tabelle 2.1: Die Collection-Typen der ODMG

Ergänzend dazu existiert ein Typ Iterator zur Iteration über die Elemente eines beliebigen Collection-Objekts. Iterator-Objekte haben keine OID, können also nicht persistent gemacht werden.

2.4 Literale

Literale haben keine OID. Wie Objekte können Literale atomar sein oder einen Collection-Typ haben. Weiterhin werden davon *strukturierte* Literale unterschieden.

2.4.1 Atomare Literale

Die atomaren Literaltypen, die jedes ODMG-konforme ODBMS zur Verfügung stellen muß, sind im folgenden aufgeführt:

```
long
short
unsigned long
unsigned short
float
double
boolean
octet
char
string
enum
```

Die arithmetischen Typen soll eine Sprachanbindung den jeweils am besten geeigneten vordefinierten Datentypen zuordnen. octet ist ein 8-Bit-Typ, für den garantiert ist, daß seine Werte bei Funktionsaufrufen keinen Standardkonversionen unterzogen werden. string ist ein Zeichenkettentyp und mittels enum können Anwender problemspezifische Aufzählungstypen erzeugen.

2.4.2 Strukturierte Literale

Strukturierte Literale (auch: *Strukturen*) setzen sich aus einer festen Anzahl benannter Elemente zusammen, die Literale oder Objekte (atomar oder eines Collection-Typs) sein können. Die einzelnen Elemente können verschiedene Typen haben. Es gibt vier vordefinierte Strukturen, nämlich

```
Date
Time
TimeStamp
Interval
```

Ein Datum setzt sich beispielsweise aus den drei Elementen year, month und day zusammen. Ein Time-Literal enthält ebenfalls drei Werte: hour, minute und second. In TimeStamps werden eine Date- und eine Time-Angabe zusammengefaßt. Ein

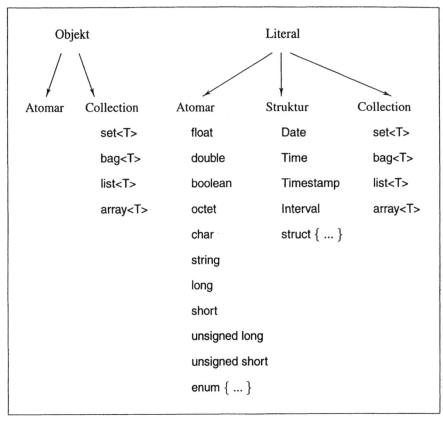

Abbildung 2.2: Übersicht über die ODMG-Typen

Interval repräsentiert ein Zeitintervall, gemessen in day, hour, minute und second. Diese Literaltypen behandeln wir in Abschnitt 4.4.10 eingehender; dort werden die entsprechenden Klassen der C++-Anbindung diskutiert.

Darüber hinaus können mittels struct beliebige benutzerdefinierte Strukturen spezifiziert werden.

2.4.3 Collection-Literale

Analog zu den Collection-Objekten existieren auch Literale der parametrisierten Typen set<T>, bag<T>, list<T> und array<T>. Diese sind nur im Zusammenhang mit OQL-Anfragen von Interesse. Je nach Formulierung der Anfrage erhält man als Resultat ein Objekt oder ein Literal, das auch einen Collection-Typ haben kann. Umgekehrt kann man Literale, also auch Collection-Literale, innerhalb von Anfra-

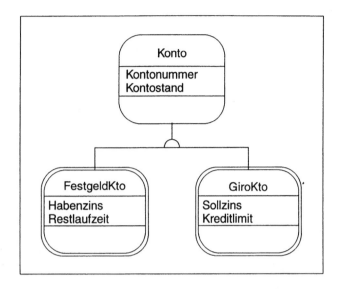

Abbildung 2.3: Objekttypen mit Attributen

gen einsetzen und beispielsweise feststellen, ob eine Bestellnummer in der Menge set(4367, 5681, 8964, 55356, 127) enthalten ist. (Siehe hierzu Abschnitt 5.2.5.)

Zum Abschluß dieses Abschnitts sei nochmals darauf hingewiesen (vgl. 2.3.4 und 2.4.2), daß Collection-Objekte und Strukturen beliebig kombiniert werden können. Es gibt Mengen, die Strukturen als Elemente haben, Strukturen, die Mengen als Elemente haben, usw. Die Objekt- und Literaltypen der ODMG sind in Abbildung 2.2 zusammengefaßt.

2.5   Objekteigenschaften

2.5.1   Attribute

In Abschnitt 2.1 hatten wir bereits gesehen, daß der Zustand von Objekten durch zwei Arten von Eigenschaften, seine Attribute und seine Beziehungen bestimmt wird.

Attribute haben einen Typ und einen Namen. Sowohl Objekte als auch Literale können als Attributwerte eingesetzt werden. Im Analyse/Designmodell stellen wir Attribute nur durch ihre Namen dar. Für die Kontenobjekte von Beispiel 1 sind ihre Attribute in Abbildung 2.3 eingetragen. (Die Beschreibung der Typen der Attributwerte erfolgt in den zugehörigen *Klassenspezifikationen*, vgl. Schader und Rundshagen (1996).)

Auf die Attributwerte eines Objekts kann nur über dieses Objekt zugegriffen werden. Ist b ein Bestellung-Objekt, pos ein Position-Objekt und positionen ein Collection-Objekt, das Attribut einer Bestellung ist und eine Liste von Positionen verwaltet, so hat ein derartiger Zugriff beispielsweise die Form

```
b.positionen.insert_element(pos);
```

Das direkte Referenzieren eines Teilobjekts, das in C++ möglich ist, z.B.

```
class Position { ..... };

class Bestellung {
public:
    list<Position> positionen;
    .....
};

Position p;
Bestellung b;
list<Position>* lZgr = &b.positionen;
```

ist in der OML nicht gestattet. Das heißt, ODBMS-Hersteller können Objekte, wenn sie als Attributwert in anderen Objekten auftreten, behandeln als seien sie Literale ohne OID. Dieses Einbetten von Teilobjekten als integralen Bestandteil in das umgebende Objekt vereinfacht die Transaktionsverwaltung und das Setzen von Sperren beim gleichzeitigen Zugriff mehrerer Benutzer auf dieselbe Datenbank (siehe 2.7).

Strukturen, bei denen mehrere Objekte gleichen Typs in einem anderen Objekt enthalten sind – sogenannte *Gesamtheit-Teil-Strukturen* – stellen wir im Analyse/Designmodell eines Problems so dar, wie es die Abbildung 2.4 für die Bestellungen und Positionen des Beispiels 2 zeigt. Die *Kardinalitätsangaben* 0,m bzw. 1,n verdeutlichen, daß eine Bestellung eine beliebige (nicht negative) Anzahl von Positionen enthalten kann und daß eine Position in mehr als einer Bestellung vorkommen kann. Das Dreieck zeigt jeweils auf die Gesamtheit.

2.5.2 Objektbeziehungen

Objektbeziehungen (auch: *Objektverbindungen*) werden zwischen Objekttypen, also nicht zwischen Literaltypen, definiert. Die OID wird dabei als Referenz zwischen verbundenen Objekten, die sich in der Datenbank befinden, eingesetzt.

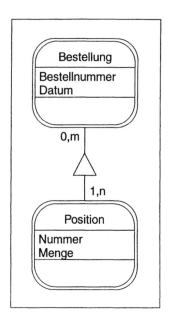

Abbildung 2.4: Ein Collection-Objekt als Attribut

Es werden nur binäre Relationen – das sind Verbindungen zwischen zwei verschiedenen Objekten oder von einem Objekt zu sich selbst – unterstützt. 1-zu-1-, 1-zu-n-
und m-zu-n-Beziehungen sind möglich.

In Beispiel 1 stehen Filialleiter- und Filiale-Objekte in einer 1-zu-1-Beziehung: Jeder
Filialleiter leitet genau eine Filiale, und umgekehrt wird jede Filiale von genau einem
Filialleiter geleitet. Filiale- und Konto-Objekte sind durch eine 1-zu-n-Beziehung
verbunden: Eine Filiale kann beliebig viele Konten führen; umgekehrt wird ein Konto
bei genau einer Filiale geführt. Zwischen Kunde- und Konto-Objekten besteht eine
m-zu-n-Beziehung: Ein Kunde kann Inhaber mehrerer Konten sein und umgekehrt.

Objektbeziehungen werden nicht als eigene Beziehungsobjekte modelliert – sie haben
also wie Attribute keine OID –, sondern durch Definition der *Verbindungswege* in den
Typspezifikationen der beteiligten Objekttypen. Für beide Richtungen, in denen ein
solcher Verbindungsweg *traversiert* werden soll, muß eine derartige Definition, durch
Benennung des Wegs und Angabe der entsprechenden Kardinalitäten, vorgenommen
werden.

1-zu-n-Beziehungen können (auf der „n-Seite") geordnet werden; m-zu-n-Beziehungen können auf jeder Seite der Objektverbindung geordnet werden. Im Fall der
Objektbeziehungen von Beispiel 2, die in der Abbildung 2.5 dargestellt sind, ist es
also möglich, die Bestellungen, die ein Lieferant abwickelt, zu ordnen, etwa nach den

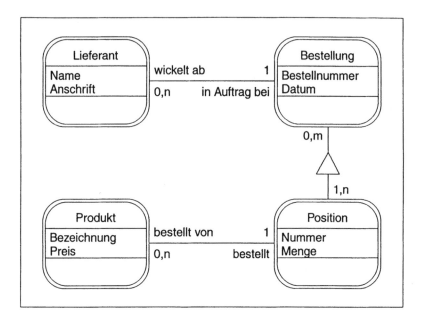

Abbildung 2.5: Typen, Attribute und Objektbeziehungen für Beispiel 2

Bestellnummern. Ebenso wäre es möglich, aber kaum sinnvoll, die Positionen, in denen ein Produkt bestellt ist, zu ordnen.

Falls Objektverbindungen, wie besprochen, jeweils mit der Angabe von Verbindungs-weg und *inversem* Verbindungsweg definiert werden, gewährleistet das ODBMS die *referentielle Integrität* der Beziehung: Wenn ein an der Beziehung beteiligtes Ob-jekt gelöscht wird, werden automatisch auch sämtliche Verbindungswege zu diesem Objekt gelöscht. Ein Versuch, das gelöschte Objekt über die Objektverbindung zu erreichen, führt dann zum Auswerfen einer Ausnahme. (Siehe hierzu die Beispiele in den Abschnitten 4.4.6, 4.4.8 und 4.4.8.)

Bei manchen Problemstellungen kann es vorkommen, daß eine Objektverbindung im-mer nur in ein und derselben Richtung traversiert wird. Es reicht dann aus, daß man die Verbindung ohne Angabe eines inversen Verbindungswegs deklariert. Dadurch entsteht eine *unidirektionale* Objektverbindung, und die Kontrolle der Beziehungsin-tegrität bleibt dem Anwendungsprogramm überlassen. Im Unterschied dazu bezeich-net man Beziehungen, die mit einem Paar von Verbindungswegen spezifiziert werden, auch als *bidirektional*. Im Problembereich des Beispiels 2 ist es nicht nötig, daß Produkt-Objekte die Positionen einer Bestellung kennen, mit denen sie bestellt wer-den. Abbildung 2.6 zeigt, wie man derartige Sachverhalte im Analyse/Designmodell darstellt.

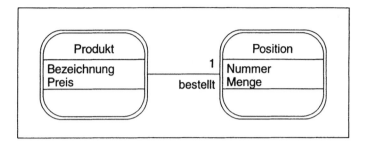

Abbildung 2.6: Eine unidirektionale Objektbeziehung

Je nach Kardinalität der Verbindungswege stehen zur Manipulation von Objektverbindungen Methoden zum Setzen und Löschen einer 1-zu-1-Beziehung, zum Einfügen eines Verbindungswegs in eine 1-zu-n- oder m-zu-n-Beziehung und zum Entfernen eines Verbindungswegs aus einer 1-zu-n- oder m-zu-n-Beziehung zur Verfügung. Um eine Verbindung zu traversieren, benutzt man in der C++-OML einfach den Namen des Verbindungswegs. Im Fall der Objekte b und positionen von Seite 18 erhält man das in der ersten Position von b bestellte Produkt beispielsweise mittels

b.positionen[0].bestellt

Auch hier erweitert das ODMG-Modell das C++-Objektmodell: In C++ gibt es kein eigenständiges Konstrukt zur Erzeugung und Manipulation von Objektverbindungen; mit C++-Zeigern oder -Referenzen kann man unidirektionale Verbindungen modellieren, deren Beziehungsintegrität jedoch in keiner Weise sichergestellt wird.

2.6 Objektverhalten

Die dritte mögliche Charakteristik von Objekttypen beschreibt das Objektverhalten, d.h. die Menge der Methoden, die für ein solches Objekt aufgerufen werden können. In die Schnittstellenspezifikation nimmt man die Methodendeklaration – also den Typ des Funktionswerts, den Namen der Methode sowie die Parametertypen und -namen – auf. Optional kann man noch die Typnamen von Ausnahmen, die während der Ausführung der Methode ausgeworfen werden können, angeben. Eine Definition von Methodenrümpfen ist in der ODL nicht möglich; lediglich die Typcharakteristiken sollen hier ja festgelegt werden.

Funktionen sind im ODMG-Modell immer an einzelne Objekttypen gebunden. Es gibt also keine global deklarierten Funktionen. Das Überladen von Methodennamen ist

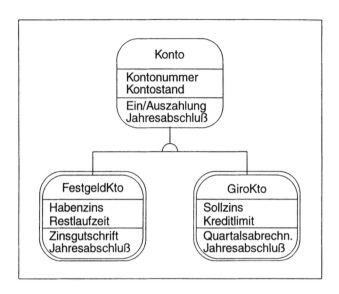

Abbildung 2.7: Objekttypen mit Attributen und Methoden

zulässig. Die Abbildung 2.7 zeigt, wie wir die Methoden eines Objekttyps darstellen. Man erkennt, daß einfache *Zugriffsfunktionen* der Art setzeWert() und gibWert() nicht explizit modelliert werden.

Das ODMG-Modell unterstellt die sequentielle Ausführung von Methodenaufrufen am Aufrufort. Einer Implementation ist es aber freigestellt, zusätzlich Möglichkeiten zur zeitlich überlappten oder entfernten Ausführung bereitzustellen.

Die Ausnahmebehandlung ist wie in C++ geregelt. Ein Ausnahme-Handler kann Ausnahmen seines Blocks auffangen und behandeln oder sie zur Behandlung in einem umgebenden Block nochmals auswerfen. Wenn ein Handler eine Ausnahme des Typs B auffangen kann, ist er auch in der Lage, Ausnahmen eines von B abgeleiteten Subtyps A aufzufangen. Sollen also die speziellen A-Ausnahmen gesondert behandelt werden, muß ein speziellerer Handler vor diesem Handler (oder in einem eingebetteten Block) deklariert werden. Bis auf das Fehlen globaler Funktionen im ODMG-Modell sind hier beide Objektmodelle konform.

2.7 Transaktionen und Sperren

Programme, die persistente Objekte benutzen, werden in *Transaktionen* gegliedert. ODMG-Transaktionen sind *atomare*, *konsistente* und *dauerhafte* Verarbeitungseinheiten, die *isoliert* voneinander behandelt werden. Jeder Zugriff auf persistente Objekte: das Erzeugen, Lesen, Modifizieren und Löschen muß innerhalb einer Transaktion vorgenommen werden. Atomar bedeutet, daß eine Transaktion entweder ganz abgeschlossen oder wieder komplett rückgängig gemacht wird. Konsistent bedeutet, daß Transaktionen die Datenbank von einem korrekten Zustand wieder in einen solchen überführen müssen. Isoliert sind Transaktionen, die – auch wenn sie zeitgleich ausgeführt werden – Resultate erzeugen, die von einer seriellen Bearbeitung nicht unterscheidbar sind. Dauerhaft ist eine Transaktion, wenn ihre Auswirkungen nach dem Transaktionsende auch durch Systemfehler nicht mehr aufgehoben werden können. Beispiele zum Transaktionsmanagement und zum hier nur kurz angedeuteten *ACID*-Prinzip, das „*A*tomicity", „*C*onsistency", „*I*solation" und „*D*urability" sicherstellt, werden in Abschnitt 4.4.11 behandelt.

Wenn eine Transaktion erfolgreich abgeschlossen wurde, sind alle Zustandsänderungen persistenter Objekte in der Datenbank permanent eingetragen und für andere Systembenutzer und deren Transaktionen oder OQL-Anfragen *sichtbar*. Transiente Objekte sind nicht in das Transaktionskonzept eingebettet. Beim Abbruch einer Transaktion werden also nur persistente Objekte in ihren Ausgangszustand vor Beginn der Transaktion zurückgesetzt.

Zur Kontrolle gleichzeitiger Zugriffe wird standardmäßig pessimistisch gesperrt. Das heißt, vor dem Lesen von Objektzuständen ist eine Lesesperre (*shared lock*) und vor der Modifikation von Objekten ist eine Schreibsperre (*exclusive lock*) zu erwerben.

Um die geschilderten Konzepte zu unterstützen, muß das ODBMS einen transienten Typ Transaction bereitstellen, für den die folgenden vier Methoden definiert sind:

```
begin()
commit()
abort()
checkpoint()
```

Transaktionen werden durch einen expliziten begin()-Aufruf gestartet, also nicht bereits bei der Erzeugung eines Transaction-Objekts. Dies liegt daran, daß sie auch explizit, durch commit() oder abort() beendet werden. Ein commit()-Aufruf trägt alle neu erzeugten persistenten Objekte und alle Modifikationen persistenter Objekte in der Datenbank ein. Dagegen wird die Datenbank mittels abort() in den Zustand vor Beginn der Transaktion zurückgesetzt. In beiden Fällen werden alle im Verlauf der Transaktion erworbenen Sperren wieder freigegeben. Auch ein checkpoint()-Aufruf trägt sämtliche Objektänderungen in die Datenbank ein. Es werden jedoch keine

Sperren freigegeben und die Transaktion kann ohne erneutes begin() unmittelbar fortgesetzt werden.

2.8   Datenbankmethoden

Zum Abspeichern von Schemainformationen und von persistenten Objekten benutzt
ein ODBS seine Datenbanken. Anwender greifen auf diese mit Methodenaufrufen zu,
die an Objekte des Typs Database gesendet werden. Das Öffnen und Schließen einer
Datenbank erfolgt mit den Methoden open() bzw. close(). Nach dem Öffnen einer
Datenbank sind auch die Namen benannter Objekte, die Namen und Schnittstellen
der in der Schemadefinition spezifizierten Typen sowie die für diese Typen definierten
Extensionen zugreifbar. Transaktionen können nur auf den Objekten einer geöffneten
Datenbank operieren.

Der Typ Database muß weiterhin eine Methode zum Benennen oder Umbenennen
von Datenbankobjekten und eine Methode, mit der man feststellen kann, ob ein
Objekt mit einem bestimmten Namen in der Datenbank enthalten ist, bereitstellen.
Die letzte Methode liefert im Erfolgsfall eine Referenz auf das gefundene Objekt.
Beide Methoden gehören zur Database-Schnittstelle, weil der Geltungsbereich von
Objektnamen eine Datenbank ist.

Der Standard legt nicht fest, wie eine Datenbank erzeugt, benannt, gelöscht usw. wird.
Dies bleibt der jeweiligen Implementation überlassen. Ebenso kann implementations-
spezifisch entschieden werden, ob zu einem bestimmten Zeitpunkt nur eine Datenbank
geöffnet sein kann oder ob das Öffnen mehrerer Datenbanken unterstützt wird.

Resümee

Zum Abschluß dieses Kapitels sollen die Hauptunterschiede zwischen dem ODMG-
Objektmodell und dem C++-Objektmodell rekapituliert werden.

In C++ heißen die Dinge, für die zur Laufzeit Speicher reserviert wird, Objekte. Zum
Beispiel ist mit

```
const int i = 5;
vector<char> v;
```

die symbolische Konstante i genauso ein Objekt wie die Variable v. Die bei der
Initialisierung von i verwendete Konstante 5 ist eine Literalkonstante.

Im ODMG-Modell ist der Begriff Objekt enger gefaßt: Objekte sind Instanzen (Variablen oder symbolische Konstanten) eines mit dem ODL-Schlüsselwort interface spezifizierten Typs bzw. einer von d_Object abgeleiteten Klasse. Nur diese erhalten eine OID. Zum Beispiel ist mit

```
class Bestellung : public d_Object { ..... };
Bestellung b;
```

die Variable b ein Objekt. Die oben definierten Instanzen i und v sind im Sinne des ODMG-Objektmodells keine Objekte, da sie keine OID besitzen.

Auf der anderen Seite ist ein ODMG-Objekt im Vergleich zu C++ um die OID erweitert. Die OID ermöglicht es Objekten, persistent zu sein. Objekte können auch transient sein. Persistenz erreicht man durch die Benutzung einer überladenen Version des new-Operators bei der Objekterzeugung (siehe Abschnitt 4.4.2). Literale sind dagegen immer transient.

2.9 Übungsaufgaben

1. Implementieren Sie eine einfache C++-Klasse GiroKto, deren Extension durch ein static Datenelement _alleGiroKonten verwaltet wird. Die Klassendefinition soll die folgende Form haben.

```
class GiroKto {
public:
    GiroKto();
    ˜GiroKto();
    void kontonummer(unsigned long int k) { _kontonummer = k; }
    unsigned long int kontonummer() const { return _kontonummer; }
    static set<.....>& alleGiroKonten() { return _alleGiroKonten; }
private:
    static set<.....> _alleGiroKonten;
    unsigned long int _kontonummer;
};
```

Verwenden sie, falls möglich, eine geeignete Klasse set aus einer Klassenbibliothek, z.B. aus der „Standard Template Library" STL. Die Extension soll bei Konstruktor- und Destruktoraufrufen aktualisiert werden.

2. Erweitern Sie Aufgabe 1, indem Sie die Eindeutigkeit der Kontonummern sicherstellen. Nehmen Sie dazu eine Vorbedingung in die Elementfunktion GiroKto::kontonummer(unsigned long int) auf. Die Kontonummer ist dann ein Schlüssel für den Typ GiroKto.

3. Implementieren Sie eine einfache C++-Klasse Produkt, deren Klassendefinition die folgende Form hat.

```
class Produkt {
public:
    Produkt(const char* b, double p) { _bezeichnung = b; _preis = p; }
    void bezeichnung(const char* b) { _bezeichnung = b; }
    const char* bezeichnung() const { return _bezeichnung; }
    void preis(double p) { _preis = p; }
    double preis() const { return _preis; }
private:
    const char* _bezeichnung;
    double _preis;
};
```

Definieren Sie zwei Funktionen

```
void set_object_name(Produkt& theObject, char* theName) { ..... }
Produkt* lookup_object(char* name) { ..... }
```

mit denen man Produkt-Objekte mit Namen versehen kann bzw. zu einem gegebenen Namen das entsprechend benannte Objekt findet. Verwenden Sie, falls möglich, zur Realisierung der Funktionstabelle eine map-Klasse aus einer Klassenbibliothek, z.B. aus der STL.

4. Ihnen steht eine Klasse set aus einer Klassenbibliothek zur Verfügung. Machen Sie sich klar, was der Unterschied zwischen den beiden folgenden Objekten x und y ist: set<Position> x; set<Position*> y; Welche Auswirkungen hat es auf das Kopieren der Bestellung-Objekte aus Abbildung 2.5, wenn die Gesamtheit-Teil-Struktur mit einem Attribut des Typs set<Position> bzw. set<Position*> implementiert wird?

Kapitel 3

Die Objektdefinitionssprache ODL

3.1 Einleitung

Die ODL ist die Sprache, die eingesetzt wird, um die Schnittstellen von Objekttypen, die dem ODMG-Objektmodell entsprechen, zu spezifizieren. Hauptzielsetzung bei der Benutzung der ODL ist es, produkt- und sprachunabhängig portable Objektschemas zu entwickeln, mit denen Objekteigenschaften und -verhalten festgelegt werden.

- Die ODL unterstützt alle in Kapitel 2 behandelten semantischen Konstrukte des ODMG-Objektmodells.

- Die ODL ist keine vollständige Programmiersprache, sondern eine Spezifikationssprache.

- Die ODL ist programmiersprachenunabhängig, lehnt sich aber stark an C++ an.

- Die ODL stimmt in großen Teilen (bis auf die Erweiterungen zur Beschreibung von Objektbeziehungen, Extensionen und Schlüsseln) mit der „Interface Definition Language" IDL der Object Management Group überein.

Die ODL ist also eine Definitionssprache für objektorientierte Datenbankanwendungen. Methodenrümpfe und Anweisungen können in ODL nicht definiert werden; diese nehmen wir in Implementationsdateien und Anwendungsprogramm auf (vgl. Abbildung 1.2). Ausdrücke können nur bei der Definition von Konstanten vorkommen; Konstanten können in ODL sowohl global als auch typspezifisch definiert werden.

Die vollständigen Syntaxregeln sind in der aus C++ bekannten Syntaxnotation im Anhang B wiedergegeben.

3.2   Lexikalische Konventionen

Die Regeln für die Bildung von Bezeichnern und Trennern (Kommentaren und „White space") sind dieselben wie in C++. Vgl. beispielsweise Schader und Kuhlins (1996). Die ODL verwendet die folgenden Schlüsselwörter:

any	array	attribute	bag	boolean	case	char
const	context	default	double	enum	exception	extent
false	float	in	inout	interface	inverse	key
keys	list	long	module	octet	oneway	out
order_by	persistent	raises	readonly	relationship	sequence	set
short	string	struct	switch	transient	true	typedef
unsigned	union	void				

Die Interpunktionszeichen ;, {, } usw. sind diejenigen von C++, die Operatoren eine Teilmenge der C++-Operatoren. Operatoren werden nur zur Bildung konstanter Ausdrücke verwendet. Beispielsweise können =, +=, ->, ->* usw., mit denen man zuweist oder dereferenziert, also Aktionen auslöst, ebensowenig eingesetzt werden wie der Aufrufoperator.

3.3   Literalkonstanten

Ganzzahlige Konstanten und Zeichenkonstanten werden nach den C++-Regeln gebildet – einschließlich der C++-Escape-Sequenzen wie beispielsweise \n, \' oder \". Zeichenkonstanten haben eine 8-Bit-Darstellung, ihr Wertebereich ist daher auf $\{0, 1, \ldots, 255\}$ beschränkt. Gleitpunktkonstanten und Zeichenketten werden genau wie in C++ gebildet. Boolesche Konstanten haben den Wert true oder false.

3.4   Spezifikationen

Eine ODL-Spezifikation setzt sich aus den oben genannten lexikalischen Elementen: Bezeichnern, Trennern, Schlüsselwörtern, Interpunktionszeichen, Operatoren und Literalkonstanten zusammen. Sie beschreibt eine oder mehrere Moduldefinitionen, Typdefinitionen, Konstantendefinitionen oder Ausnahmedefinitionen. Ein Typ wird durch die Definition seiner Schnittstelle – oder bei Literaltypen alternativ mittels enum bzw. struct – spezifiziert. Die Syntax ist:

Spezifikation:
  Definition
  Definition Spezifikation

Definition:
  Modul ;
  Interface ;
  Konstantendeklaration ;
  Typdeklaration ;
  Ausnahmedeklaration ;

Modul:
  module *Bezeichner* { *Spezifikation* }

Hier und im folgenden wird bei der Darstellung der Syntaxregeln die von C++ bekannte Notation verwendet: Jede Regel beginnt mit einem *nichtterminalen Symbol*, auf das ein Doppelpunkt und die Definition des Symbols folgen. *Terminale Symbole* sind in Schreibmaschinenschrift gesetzt – sie werden unverändert in den ODL-Programmtext übernommen. In der Definition auftretende nichtterminale Symbole sind in anderen Regeln definiert. Alternativen stehen in verschiedenen Zeilen. Falls eine Alternative länger als eine Zeile ist, wird sie, doppelt eingerückt, in der folgenden Zeile fortgesetzt. In wenigen Ausnahmen wird eine lange Liste von Alternativen auf einer Zeile angegeben; dies wird durch den Ausdruck „eins von" angezeigt. Ein optionales terminales oder nichtterminales Symbol erhält den Index *opt*. Die erste Regel legt daher fest, daß eine ODL-Spezifikation aus einer einzelnen Definition oder aus einer Folge von Definitionen besteht.

Ein Modul ist die allgemeinste Form der Definition. Es enthält im Normalfall andere Spezifikationen und richtet für deren Namen einen eigenen Geltungsbereich ein. Wenn ein ODBMS (bzw. sein C++-Compiler) Namensbereiche kennt, wird beispielsweise die folgende ODL-Spezifikation umgesetzt in die danach stehende Header-Datei. (Da hier die C++-Anbindung des Standards behandelt wird, zeigen die Beispiele dieses Kapitels die Resultate eines ODL-Parsers, der C++- oder C++-ODL-Code erzeugt.)

```
// ODL
module M {
    interface Position {
        attribute unsigned short nummer;
    };
};
```

```
// C++-Header
namespace M {
    class Position : public d_Object {
    public:
        Position();
        Position(const Position&);
        virtual ˜Position();
        unsigned short int nummer() const;
        void nummer(unsigned short int);
    private:
        unsigned short int _nummer;
    };
}
```

Je nach verwendetem System wird d_Object als virtuelle Basisklasse spezifiziert, um Problemen bei Mehrfachvererbung vorzubeugen; ebenfalls systemabhängig wird noch eine Implementationsdatei mit Konstruktoren, Destruktor und den Funktionsrümpfen der beiden Zugriffsfunktionen angelegt. Außerhalb von M kann auf die Position dann vollständig qualifiziert zugegriffen werden, also mittels M::Position. Eine Alternative ist die Verwendung einer using-Deklaration.

Stehen keine Namensbereiche zur Verfügung, kann der ODL-Parser eine eingebettete Klasse erzeugen, z.B.

```
// Alternative ohne namespace
class M {
public:
    class Position : public d_Object {
        .....
    };
};
```

In diesem Fall sind dann vollständig qualifizierte Zugriffe obligatorisch. Den Regeln auf Seite 29 kann man entnehmen, daß Module neben den anderen Definitionen auch weitere Module enthalten können.

Unser Hauptinteresse bei der ODL-Benutzung gilt der Definition von Typschnittstellen. Diese werden, ähnlich wie C++-Klassen, mittels Namensdeklaration oder als Definition vereinbart:

Interface:

> *Interface-Deklaration*
> *Forward-Deklaration*

Interface-Deklaration:

> *Interface-Kopf Persistenz-Deklaration$_{opt}$ { Interface-Rumpf$_{opt}$ }*

Interface-Kopf:

> interface *Bezeichner Vererbungsspezifikation$_{opt}$ Typeigenschaften$_{opt}$*

Eine Interface-Definition kann global oder innerhalb eines Moduls vorgenommen werden. Der Interface-Kopf besteht aus drei Teilen:

- Dem Interface-Namen. Als Typname kann jeder zulässige Bezeichner gewählt werden, der im selben Geltungsbereich nicht anderweitig deklariert wurde. Er folgt auf das Schlüsselwort interface.

- Einer optionalen Vererbungsspezifikation.

- Einer optionalen Angabe von Typeigenschaften.

Daß ein Objekttyp die Charakteristiken eines Supertyps erbt, zeigt man mittels einer Vererbungsspezifikation an:

Vererbungsspezifikation:

> *: Name*
> *Vererbungsspezifikation , Name*

Name:

> *Bezeichner*
> *:: Bezeichner*
> *Name :: Bezeichner*

Zum Beispiel legt die ODL-Definition

```
// ODL
interface FestgeldKto : Konto {
    .....
};
```

fest, daß der Objekttyp FestgeldKto den Typ Konto als Supertyp hat. Vererbungsstrukturen werden in der C++-Anbindung durch virtuelle Basisklassen umgesetzt.

```
// C++-Header
class FestgeldKto : public virtual Konto {
    .....
};
```

Der *Vererbungsspezifikation*-Regel kann man entnehmen, daß Mehrfachvererbung
zulässig ist. Ein mit dem einstelligen Geltungsbereichoperator :: beginnender Name
wird wie in C++ im globalen Namensbereich gesucht. Mit dem zweistelligen Geltungsbereichoperator zusammengesetzte Namen werden wir im Zusammenhang mit
Vererbungsstrukturen (Seite 35) und bei der Deklaration von Objektbeziehungen (vgl.
Abschnitt 3.8) verwenden.

Als erste Typeigenschaft kann die Verwaltung der Extension, also der Menge aller
jeweils existierenden Objekte eines Typs, gefordert werden.

> *Typeigenschaften:*
> (*Extensionsspezifikation$_{opt}$ Schlüsselspezifikation$_{opt}$*)
>
> *Extensionsspezifikation:*
> extent *Bezeichner*

Ein guter ODL-Parser wird z.B. aus der Definition

```
// ODL
interface Konto (extent Konten) { ..... };
```

die folgende C++-Header-Datei ableiten:

```
// C++-Header
class Konto : public d_Object {
public:
    // Extension
    static d_Ref<d_Set<d_Ref<Konto> > > Konten;
    .....
};
```

Abhängig vom verwendeten ODBMS kann die Extensionsspezifikation jedoch einfach ignoriert werden, da die Unterstützung von Extensionen in der C++-Anbindung
optional ist.

Als zweite Typeigenschaft kann die Überprüfung der Eindeutigkeit eines oder mehrerer einfacher oder zusammengesetzter Schlüssel verlangt werden.

Schlüsselspezifikation:
  key *Schlüssel*
  keys *Schlüsselliste*

Schlüsselliste:
  Schlüssel
  Schlüsselliste , Schlüssel

Schlüssel:
  Eigenschaftsname
  (Eigenschaftsliste)

Eigenschaftsliste:
  Eigenschaftsname
  Eigenschaftsliste , Eigenschaftsname

Eigenschaftsname:
  Bezeichner

Zum Beispiel sind für den Typ Student in der folgenden Spezifikation matrikelnr als einfacher Schlüssel und (name, anschrift) als zusammengesetzter Schlüssel definiert.

```
// ODL
interface Student
    (keys matrikelnr, (name, anschrift)) {
    .....
};
```

Die Eindeutigkeit beider Schlüssel wird unabhängig voneinander geprüft, matrikelnr, name und anschrift bilden also keinen zusammengesetzten Schlüssel. Schlüssel beziehen sich immer nur auf einen Objekttyp und treten nicht, wie bei relationalen DBMS, als Fremdschlüssel in anderen Typen auf. Auch die Unterstützung von Schlüsseln ist in der C++-Anbindung nicht zwingend vorgeschrieben.

In einem Interface-Kopf werden somit die Charakteristiken des Typs selbst: Supertypen, Extension und Schlüssel angeführt, bevor die Objektcharakteristiken im Interface-Rumpf zusammengestellt werden. Es ist zu beachten, daß die in einer Vererbungsspezifikation angegebenen Namen vorher definierte Typen bezeichnen müssen und daß als Schlüssel nur die Namen von Attributen oder Beziehungen des jeweiligen Interface-Rumpfs einsetzbar sind.

In einer Typspezifikation kann zwischen ihrem Interface-Kopf und dem -Rumpf eine Persistenz-Deklaration stehen, mit der man entscheidet, ob aus der vom ODL-Parser generierten Klasse Objekte oder lediglich Literale ohne OID erzeugt werden können.

Persistenz-Deklaration
    : persistent
    : transient

Spezifiziert man persistent oder fehlt die Persistenz-Deklaration, so wird von d_Object abgeleitet. Anderenfalls wird nicht von d_Object abgeleitet, und es können nur transiente Objekte erzeugt werden. Im Beispiel

```
// ODL
interface Vorgang : transient { ..... };

interface Ereignis (extent Ereignisse) : persistent { ..... };
```

sind alle Vorgang-Objekte transient und alle Ereignis-Objekte sind *persistenzfähig*, d.h. sie erhalten eine OID und man kann bei ihrer Erzeugung festlegen, ob sie transient oder persistent werden.

Die Charakteristiken der Objekte eines Typs spezifiziert man im Interface-Rumpf.

    Interface-Rumpf:
        Export
        Export Interface-Rumpf

    Export:
        Konstantendeklaration ;
        Typdeklaration ;
        Attributdeklaration ;
        Beziehungsdeklaration ;
        Ausnahmedeklaration ;
        Methodendeklaration ;

Ein Interface-Rumpf kann also Konstantendeklarationen, Typdeklarationen von Literaltypen, Attribut- und Beziehungsdeklarationen zur Zustandsbeschreibung der Objekte des Typs, Deklarationen, die spezifizieren, welche Ausnahmen durch die Objektmethoden ausgeworfen werden können, sowie Methodendeklarationen zur Charakterisierung des Objektverhaltens enthalten. Da hier die öffentliche Schnittstelle eines Typs spezifiziert wird, *exportiert* das Interface alle seine Elemente.

Konstanten-, Typ- und Ausnahmedeklarationen können auch global oder innerhalb eines Moduls vorgenommen werden, vgl. die Regeln auf Seite 29. Objektcharakteristiken, also Attribut-, Beziehungs- und Methodendeklarationen sind nur innerhalb einer Interface-Deklaration möglich. Ferner sieht man, daß die ODL-Syntax keine geschachtelten Interface-Deklarationen zuläßt; damit wird die Erzeugung von Teilobjekten mit OID ausgeschlossen.

Sofern eine Schnittstelle von einem anderen Interface abgeleitet wird, erbt sie alle Elemente der *Basisschnittstelle* und kann auf diese zugreifen, als seien sie Elemente der abgeleiteten Schnittstelle. In einer abgeleiteten Schnittstelle sind – wie in jeder anderen Schnittstellendefinition – neue zusätzliche Elemente (Konstanten, Typen, Attribute, Beziehungen, Ausnahmen und Methoden) deklarierbar. Darüber hinaus ist es auch möglich, geerbte Elemente durch speziellere, an den abgeleiteten Typ angepaßte Versionen zu *überschreiben*. Beim Zugriff auf Elemente innerhalb einer Vererbungsstruktur kann wie in C++ mittels :: vollständig qualifiziert werden, um Mehrdeutigkeiten auszuschließen.

Ein Interface-Rumpf kann zunächst leer sein, also die Form { } haben, und bei späteren Überarbeitungen des Objektschemas, der *Schemaevolution*, um Objektcharakteristiken ergänzt werden. Neben Schnittstellendefinitionen sind auch reine Namensdeklarationen zulässig.

Forward-Deklaration:
interface *Bezeichner*

Die Definition der Schnittstelle muß später in derselben Spezifikation erfolgen. Auf diese Weise können wie in C++ Objekttypen definiert werden, die gegenseitig aufeinander verweisen. Zum Beispiel:

```
// ODL
interface Zug;

interface Fahrstrasse {
    attribute Zug geschaltetFuer;
};
```

```
interface Zug {
    attribute Fahrstrasse geplanteDurchfahrt;
};
```

3.5 Konstantendeklarationen

ODL-Konstanten können global, auf Modulebene oder in Interface-Spezifikationen deklariert werden. Die Syntax entspricht der eines konstanten Ausdrucks in C++, ist aber stark vereinfacht, um möglichst implementationsunabhängige Werte zu erhalten.

> *Konstantendeklaration:*
> const *Const-Typ Bezeichner* = *Const-Ausdruck*

> *Const-Typ:*
> *Ganzzahliger-Typ*
> *Zeichentyp*
> *Boolescher-Typ*
> *Gleitpunkttyp*
> *Zeichenkettentyp*
> *Name*

Der *Const-Ausdruck* wird entsprechend den Regeln im Anhang B gebildet. Im Unterschied zum konstanten C++-Ausdruck sind folgende Restriktionen zu beachten:

- Mit zweistelligen Operatoren dürfen nur zwei ganzzahlige Operanden oder zwei Gleitpunktoperanden kombiniert werden. Die einstelligen Operatoren + und - und die zweistelligen Operatoren *, /, + und - können auf Gleitpunktoperanden angewandt werden; die einstelligen Operatoren +, - und ~ und die zweistelligen Operatoren *, /, %, +, -, <<, >>, &, | und ^ können auf ganzzahlige Operanden angewandt werden;

- Ein Const-Ausdruck darf keinen Konditional-Operator (?:), keine logischen Operatoren (||, &&), keine relationalen Operatoren (<, <=, >, >=), keine Gleichheits-Operatoren (==, !=) und keine expliziten Typumwandlungen (static_cast usw.) enthalten. Damit sollen jegliche Typumwandlungen bei der Ermittlung des Werts der Konstanten ausgeschlossen werden.

- Adreßoperator und Inhaltsoperator (&, *) sowie die Elementauswahl-Operatoren (.*, ->*) sind nicht zulässig, da es in ODL keine Objekte und demnach auch keine Zeiger gibt.

- Als Operanden sind nur Literalkonstanten und Namen von vorher deklarierten Literalkonstanten zulässig.

Das folgende Beispiel zeigt, wie ein ODL-Parser Konstantendeklarationen direkt in C++-Deklarationen umsetzt:

```
// ODL
const long n = 300;


interface X {
    const double x = 3.14159;
};


// C++-Header
extern const long int n;


class X : public d_Object {
public:
    static const double x;
};
```

Die Definitionen und Initialisierungen der Konstanten n bzw. x müssen in der Regel noch vom Anwender selbst in einer Implementationsdatei vorgenommen werden.

3.6 Typdeklarationen

Analog zu C++ bietet die ODL die Möglichkeit, Datentypen zu benennen – also einen Bezeichner mit einem Typ zu assoziieren. Und weiterhin können neben den Schnittstellen, die Objekttypen definieren, auch benutzerdefinierte Literaltypen, nämlich Aufzählungstypen und Strukturen deklariert werden. Auf die Deklaration von Union-Typen, mit denen man Speicherplatz „sparen" kann, wird hier nicht weiter eingegangen. Dieses Konzept ist fehleranfällig und ist heute überholt.

Typdeklaration:
> typedef *Typdeklarator*
> *Strukturtyp*
> *Aufzählungstyp*
> *Union-Typ*

Typdeklarator:
> *Typspezifizierer Deklaratorliste*

Typdeklarationen können global, innerhalb eines Moduls und im Rumpf einer Schnittstelle stehen. Ein ODL-Typdeklarator besteht wie in C++ aus einem Typspezifizierer, der den Typ des deklarierten Gegenstands festlegt und dem Deklarator, mit dem dieser benannt wird. Bei einer typedef-Deklaration wird der Deklarator zum neuen Namen für den spezifizierten Typ. Da wir mit der ODL keine Objekte erzeugen, kommen Typdeklaratoren sonst nur noch bei der Deklaration von Elementen einer Struktur, von Attributen einer Schnittstelle, von Elementen einer Ausnahme und von Parametern einer Methode vor.

3.6.1 Typspezifizierer

Zur Typspezifikation existiert eine Reihe von Typspezifizierern, mit denen, mit Ausnahme der Collection-Typen, alle Typen des ODMG-Objektmodells aus Abbildung 2.2 (Seite 16) erzeugt werden können. Man unterscheidet vordefinierte *einfache* Typen, die mit einem eigenen Schlüsselwort zur Verfügung stehen, und die benutzerdefinierten *konstruierten* Aufzählungstypen und Strukturen.

Typspezifizierer:
> *Einfacher-Typspezifizierer*
> *Konstruierter-Typspezifizierer*

Einfacher-Typspezifizierer:
> *Basis-Typspezifizierer*
> *Parametrisierter-Typspezifizierer*
> *Name*

Die einfachen Typen sind in drei Typkategorien unterteilt. Die *Basistypen* float, double, long, short, unsigned long, unsigned short, char und boolean werden direkt in die entsprechenden C++-Typen umgesetzt. Zum Beispiel:

```
// ODL
typedef long T;
```

```
// C++
typedef long int T;
```

octet ist ein 8-Bit-Typ, für den garantiert ist, daß seine Werte bei Funktionsaufrufen nicht konvertiert werden. Dieser Typ wurde aus Kompatibilitätsgründen aus der IDL übernommen. Er ist nur für entfernte Methodenaufrufe interessant.

Der letzte Basistyp any kann Werte eines beliebigen ODL-Typs aufnehmen. Die Umwandlungen in einen Any-Typ und zurück sind typsicher. Wir werden diesen Typ benutzen, wenn Wurzelobjekte über ihren Namen aus der Datenbank geladen werden und wenn Objekte, deren Typen in einer Vererbungsbeziehung stehen, kopiert werden sollen. (Vgl. hierzu die Anwendungen der Ref_Any-Klasse in Abschnitt 4.4.1.)

In der zweiten Gruppe einfacher Typen sind die *parametrisierten* Typen array und string zusammengefaßt. Felder und Zeichenketten können bei ihrer Deklaration mit einer positiven, ganzzahligen Größenangabe versehen werden. Sie sind dann nicht mehr *unbegrenzt*, sondern auf eine konstante Maximalgröße *begrenzt*.

Feldtyp:
　　array < *Einfacher-Typspezifizierer* >
　　array < *Einfacher-Typspezifizierer* , *Const-Ausdruck* >

Zeichenkettentyp:
　　string
　　string < *Const-Ausdruck* >

Während in der IDL das Schlüsselwort sequence verwendet wird, definiert man Felder in der ODL mittels array. Semantisch besteht kein Unterschied zwischen derartigen Definitionen. Felder werden in der C++-Anbindung mit der parametrisierten Klasse d_Varray erzeugt, deren Konstruktor man eine maximale Feldgröße als Argument übergeben kann. Für Zeichenketten steht eine Klasse d_String zur Verfügung, vgl. Abschnitt 4.4.7.

Schließlich zählen die Namen vorher vereinbarter Typen – auch wenn sie beliebig komplexe benutzerdefinierte Typen bezeichnen – ebenso wie die Namen der strukturierten Literaltypen Date, Time, Timestamp und Interval als einfache Typspezifizierer. In der typedef-Deklaration des folgenden Beispiels sind A und X daher einfache Typspezifizierer.

```
// ODL
struct A { ..... };
typedef array<A, 2000> X;
```

Konstruierte Typen sind entweder Aufzählungs- oder Strukturtypen (oder Union-Typen).

>*Konstruierter-Typspezifizierer:*
>>*Aufzählungstyp*
>>*Strukturtyp*
>>*Union-Typ*

Ein Aufzählungstyp wird wie in C++ definiert. Es fehlt jedoch die Möglichkeit, die Enumeratoren explizit zu initialisieren.

>*Aufzählungstyp:*
>>enum *Bezeichner* { *Enumeratorliste* }

>*Enumeratorliste:*
>>*Enumerator*
>>*Enumeratorliste , Enumerator*

>*Enumerator:*
>>*Bezeichner*

In einer Aufzählung können bis zu 2^{32} Enumeratoren spezifiziert werden. Ein ODL-Aufzählungstyp wird direkt in den entsprechenden C++-Aufzählungstyp umgesetzt. Zum Beispiel:

```
// ODL
enum Farbe { rot, gruen, blau };
```

```
// C++
enum Farbe { rot, gruen, blau };
```

Benutzerdefinierte Strukturen werden wie eine C++-struct, die nur Datenelemente, keine Konstruktoren und weder Destruktor noch Zuweisungsoperator enthält, mit der folgenden Syntax definiert:

>*Strukturtyp:*
>>struct *Bezeichner* { *Elementfolge* }

Elementfolge:
    Element
    Elementfolge Element

Element:
    Typspezifizierer Deklaratorliste ;

Die Bezeichner der einzelnen Strukturelemente müssen paarweise verschieden sein. Zum Beispiel:

```
// ODL
struct Adresse { string strasse; short nr; long plz; string ort; };
```

Eine ODL-Struktur wird in eine C++-struct oder -class mit public Datenelementen umgesetzt. Die Datenelemente können einen einfachen oder konstruierten Typ haben.

3.6.2 Deklaratoren

Neben dem Typspezifizierer, mit dem der Typ eines Strukturelements, eines Attributs, eines Parameters usw. festgelegt wird, besteht ein Typdeklarator noch aus dem Deklarator, der das Element, das Attribut, den Parameter usw. benennt. Sofern mehrere Namen für denselben Typ vergeben werden, kann eine Typdeklaration eine Deklaratorliste enthalten.

Deklaratorliste:
    Deklarator
    Deklaratorliste , Deklarator

Deklarator:
    Bezeichner Größenfolge$_{opt}$

Größenfolge:
    Feldgröße
    Größenfolge Feldgröße

Feldgröße:
    [*Const-Ausdruck*]

Den drei letzten Regeln kann man entnehmen, daß ein Deklarator durch Anfügen einer oder mehrerer Feldgrößen an seinen Namen ein ein- oder mehrdimensionales

Feld des spezifizierten Typs deklarieren kann. Der Wert des konstanten Ausdrucks in einer Größenangabe muß jeweils positiv und ganzzahlig sein. Diese Möglichkeit zur Vereinbarung mehrdimensionaler Feldtypen mit konstanter Größe ergänzt die mittels array spezifizierbaren eindimensionalen Felder variabler Größe. Zum Beispiel:

```
// ODL
const unsigned short produktTypen = 5;
const unsigned short kundenKlassen = 12;
typedef double rabatte[produktTypen][kundenKlassen];
```

3.7 Attributdeklarationen

Eine Schnittstellenspezifikation verwendet Attribute und Beziehungen zur Charakterisierung von Objektzuständen. Die Definition eines Attributs ist logisch äquivalent zur Definition eines Paars von Zugriffsfunktionen zum Schreiben bzw. Lesen des Attributwerts. Die Syntax folgt den Regeln:

Attributdeklaration:
    readonly$_{opt}$ attribute *Wertebereich Attributname Feldgröße$_{opt}$*

Wertebereich:
    Einfacher-Typspezifizierer
    Strukturtyp
    Aufzählungstyp
    Collection-Spezifizierer < Bezeichner >

Collection-Spezifizierer: eins von
    set   list   bag   array

Attributname:
    Bezeichner

Das optionale Schlüsselwort readonly zeigt an, daß es nur eine Zugriffsfunktion zum lesenden Zugriff geben soll, d.h. nach seiner Initialisierung mittels Konstuktoraufruf bei der Objekterzeugung ist das entsprechende Datenelement konstant. Ein Attribut kann Werte aus allen ODL-Typen mit Ausnahme von Union-Typen, also Basistypen (double, long usw.), parametrisierten Typen (array und string), konstruierten Typen (enum und struct), Collection-Typen (set, list, bag, array) und vorher definierten

Objekttypen annehmen. Für die Typen set, list und bag sind in der C++-Anbindung die Klassen d_Set, d_List und d_Bag definiert, vgl. Abschnitt 4.4.7. Zum Beispiel:

```
// ODL
struct Adresse { string strasse; short nr; long plz; string ort; };

interface Student : Person (extent studierende key matrikelnr) {
    enum Faecher { bwl, info, winfo };
    attribute Adresse anschrift;
    attribute Faecher fach;
    readonly attribute unsigned long matrikelnr;
    .....
};
```

Die konkrete Form der Zugriffsfunktionen bleibt der Implementation des ODL-Parsers überlassen. Es muß jedoch gewährleistet sein, daß ihre Namen nicht mit anderen im selben Modul bzw. derselben Spezifikation definierten Methodennamen übereinstimmen. Für die drei Attribute anschrift, fach und matrikelnr können beispielsweise die folgenden fünf public Zugriffsfunktionen mit drei zugehörigen private Datenelementen erzeugt werden.

```
// C++
const Adresse& anschrift() const;
void anschrift(const Adresse&);
Faecher fach() const;
void fach(Faecher);
unsigned long int matrikelnr() const;
```

Es ist naheliegend, daß Attribute, da sie zur Charakterisierung von Objekten benutzt werden, nur innerhalb einer Schnittstellendeklaration vereinbart werden können. Der Typ des Wertebereichs kann direkt in der Attributdeklaration spezifiziert werden. Das heißt, im obigen Beispiel kann man den Aufzählungstyp Faecher auch zusammen mit dem Attribut fach deklarieren und kurz

```
// ODL
attribute enum Faecher { bwl, info, winfo } fach;
```

schreiben. Auf die gleiche Weise kann auch die Adreßstruktur innerhalb der Deklaration der anschrift festgelegt werden, z.B. mit attribute struct Adresse { ..... } anschrift;

Dies bedeutet, daß der Typ Adresse außerhalb der Student-Typspezifikation vollständig qualifiziert werden muß. Man verwendet ihn dann in der Form Student::Adresse.

3.8 Beziehungsdeklarationen

Objektzustände werden nicht nur durch die Werte ihrer Attribute, sondern auch durch die jeweils existierenden Beziehungen zu anderen Objekten charakterisiert. Bei Benutzung eines ODBS definiert man in der Regel *bidirektionale* Objektbeziehungen und überläßt die Überwachung der Integrität der Beziehungen dem ODBMS. Im einfacheren Fall *unidirektionaler* Beziehungen, verwendet man eine Attributdeklaration und gibt als Wertebereich den Typ der Objekte an, zu denen eine Verbindung aufgebaut werden soll. Zum Beispiel:

```
// ODL
interface Person {
    attribute Person ehepartner;
    .....
};
```

Sofern es sich nicht, wie im obigen Beispiel, um eine *rekursive* Beziehung handelt, bei der Verbindungen zwischen Objekten desselben Typs existieren, muß die Schnittstelle für diesen Typ im selben Modul bzw. global in derselben Spezifikation definiert sein. Zu Literalen können keine Beziehungen hergestellt werden.

Auch die Information über die Beziehungskardinalitäten ist im Wertebereich enthalten: Falls kein Collection-Typ benutzt wird, kann jedes Objekt mit höchstens einem Objekt verbunden sein („zu-1"-Beziehung). Wenn ein Collection-Typ benutzt wird, kann jedes Objekt mit mehreren Objekten verbunden sein („zu-n"-Beziehung). Zum Beispiel:

```
// ODL
interface Person {
    attribute Person istEhepartner;
    attribute list<Person> istElternteil;
    attribute array<Person> istKind;
    .....
};
```

Hier wird mittels istElternteil eine m-zu-n-Beziehung zwischen Eltern und ihren Kindern spezifiziert; umgekehrt ist auch istKind eine m-zu-n-Beziehung. In beiden Fällen resultiert eine rekursive, unidirektionale Objektbeziehung. Ein Beispiel für eine nicht rekursive, unidirektionale Objektbeziehung hatten wir oben zwischen Zügen und Fahrstraßen modelliert (S. 35). Derartige Attribute werden in der C++-Anbindung durch eine Objektreferenz oder eine Collection von Objektreferenzen umgesetzt. Zum Beispiel:

```
// C++-Header
class Person : public d_Object {
public:
    d_Ref<Person> istEhepartner;
    d_List<d_Ref<Person> > istElternteil;
    d_Varray<d_Ref<Person> > istKind;
    .....
};
```

Bidirektionale Objektbeziehungen, deren Integrität vom ODBMS gewährleistet wird, definiert man durch Angabe und Bezeichnung der entsprechenden Verbindungswege. Zur Deklaration dieser zweiten wichtigen Objekteigenschaft benutzt man die Regeln

Beziehungsdeklaration:
    relationship *Verbindungsziel Bezeichner Invers-Deklaration*
        Ordnungsdeklaration$_{opt}$

Verbindungsziel:
    Bezeichner
    Verbindungs-Collection-Typ < Bezeichner >

Verbindungs-Collection-Typ:
    set
    list

Invers-Deklaration:
    inverse *Inverser-Verbindungsweg*

Inverser-Verbindungsweg:
    Bezeichner :: Bezeichner

Wenn wir das letzte Beispiel mit bidirektionalen Objektverbindungen ausstatten wollen, müssen wir es umformulieren:

```
// ODL
interface Person {
    relationship Person istEhepartner inverse Person::istEhepartner;
    relationship list<Person> istElternteil inverse Person::istKind;
    relationship list<Person> istKind inverse Person::istElternteil;
    .....
};
```

Die Information über die Beziehungskardinalitäten ist hier im Verbindungsziel enthalten: Wenn set oder list benutzt wird, handelt es sich um eine „zu-n"-Beziehung, anderenfalls um eine „zu-1"-Beziehung. Daß kein bag als Verbindungs-Collection-Typ zugelassen ist, liegt daran, daß eine Verbindung zwischen zwei Objekten entweder existiert oder nicht – ein set-Verbindungsziel ist also ausreichend. Und daß kein array spezifiziert werden kann, dient der Erleichterung der Implementation einer Sprachanbindung.

Jeder inverse Verbindungsweg muß auch in der Schnittstellendefinition des Verbindungsziels als Verbindungsweg definiert werden. Bidirektionale Objektverbindungen werden also immer paarweise spezifiziert. Die folgende ODL-Spezifikation veranschaulicht dies anhand der drei Objektverbindungen aus Beispiel 1. Das Analyse/Designmodell für den Problembereich des Beispiels ist in Abbildung 3.1 dargestellt.

```
// ODL
interface Filiale;
interface Kunde;
interface Filialleiter;

struct Adresse { ..... };

interface Person { ..... };

interface Konto (extent Konten key kontonummer) {
    attribute unsigned long kontonummer;
    attribute double kontostand;
    relationship Filiale wirdGefuehrt inverse Filiale::fuehrt;
    relationship set<Kunde> istKto inverse Kunde::istInhaber;
    .....
};
```

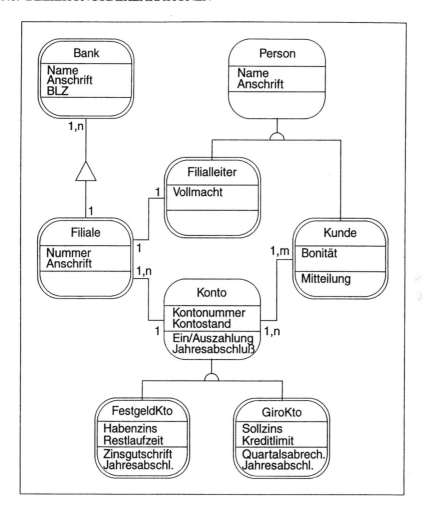

Abbildung 3.1: Analyse/Designmodell für Beispiel 1

```
interface Filiale (extent Filialen) {
    attribute unsigned short nummer;
    attribute Adresse anschrift;
    relationship list<Konto> fuehrt inverse Konto::wirdGefuehrt;
    relationship Filialleiter wirdGeleitet inverse Filialleiter::leitet;
};

interface Kunde : Person (extent Kunden) {
    attribute short bonitaet;
    relationship list<Konto> istInhaber inverse Konto::istKto;
```

```
    .....
};

interface Filialleiter : Person {
    attribute enum Status { vorstand, handlung, kasse } vollmacht;
    relationship Filiale leitet inverse Filiale::wirdGeleitet;
};
```

Wie man sieht, gibt es in der ODL keine Möglichkeit, einen Typ als abstrakt zu spezifizieren. Hierzu müssen wir in die generierten Header-Dateien eingreifen und eine Elementfunktion als rein virtuell deklarieren. Dabei bietet sich der Destruktor an, für den dann eine globale Definition, beispielsweise einfach Konto::~Konto() { } bereitgestellt werden muß. (Falls der verwendete C++-Compiler diese Konstruktion noch nicht unterstützt, muß eine nicht benötigte rein virtuelle „Dummy"-Funktion deklariert werden.) Es ist unproblematisch, die Objektverbindungen von Filialen oder Kunden an dem abstrakten Typ Konto enden zu lassen: Da ein Konto nicht nur seine Attribute sondern auch die Beziehungen an die Subtypen vererbt, werden die Filialen oder Kunden in einer Anwendung dann mit konkreten FestgeldKto- bzw. GiroKto-Objekten verbunden.

Die ODL-Deklarationen bidirektionaler Verbindungswege werden vom Parser in der Regel durch private Datenelemente und entsprechende public Zugriffsfunktionen umgesetzt. In der generierten C++-Klasse Konto könnten diese so deklariert sein:

```
class Konto : public d_Object {
public:
    const d_Ref<Filiale>& wirdGefuehrt() const;
    void wirdGefuehrt(const d_Ref<Filiale>&);
    d_Set<d_Ref<Kunde> >& istKto();
    .....
};
```

Die private Datenelemente sind beispielsweise Objekte von Klassen AtoB und AtoBs, toOnePath und toNPaths oder Rel_Ref, Rel_Set usw., in denen die Verbindungswege meist durch die Offsets dieser Teilobjekte in den verbundenen Objekten dargestellt werden. Es handelt sich hier um eine der wenigen sinnvollen Anwendungsmöglichkeiten des Konzepts der „Zeiger auf Datenelemente".

Abbildung 3.2 zeigt, wie eine derartige Verbindung im einfachsten Fall einer 1-zu-1-Beziehung implementiert sein kann. Die in diesem Beispiel verbundenen Filiale-

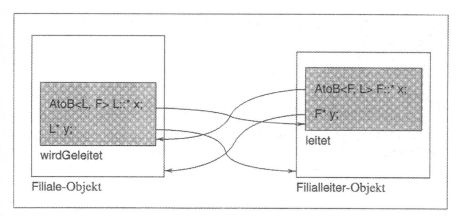

Abbildung 3.2: Beispiel-Implementation einer 1-zu-1-Beziehung

und Filialleiter-Objekte enthalten jeweils ein Teilobjekt einer parametrisierten Klasse AtoB<S, T>, wobei S die Klasse des Objekts und T die Klasse des Verbindungsziels bezeichnet. AtoB<S, T> enthält als Datenelemente zwei Zeiger des Typs AtoB<T, S> T::* bzw. T*, die im Beispiel mit x bzw. y bezeichnet sind. Aus Gründen der Platzersparnis steht in Abbildung 3.2 kurz F für Filiale und L für Filialleiter. Die Verbindung kann nun auf- bzw. abgebaut werden, indem man auf einer ihrer „Seiten" im AtoB-Teilobjekt y und (y->*x).y manipuliert und so beide Verbindungswege immer gemeinsam ändert, wodurch die Beziehungsintegrität gewahrt bleibt.

Da es sich bei den Objektbeziehungen um Elemente der öffentlichen Schnittstelle eines Typs handelt, werden die entsprechenden Datenelemente von manchen ODL-Parsern public generiert, so daß man Verbindungen nicht über Zugriffsfunktionen auf- bzw. abbaut. Im obigen Beispiel würde dann eine Filiale fil mit einem Filialleiter ltr nicht mittels fil.wirdGeleitet(&ltr); sondern durch fil.wirdGeleitet = &ltr; verbunden.

Falls das Verbindungsziel einen geordneten Verbindungs-Collection-Typ, also list hat, kann mit der optionalen Ordnungsdeklaration eine Reihe von Attributen angegeben werden, nach deren Werten die verbundenen Objekte geordnet sind.

Ordnungsdeklaration:
    { order_by *Attributliste* }

Attributliste:
    Name
    Attributliste , Name

Die Attribute einer Ordnungsdeklaration müssen in der Typspezifikation des Verbindungsziels definiert sein. Zum Beispiel:

```
// ODL
interface Veranstaltung {
    attribute String thema;
    attribute enum Tage { mo, di, mi, do, fr } tag;
    attribute Time zeit;
    .....
};


interface Student : Person {
    relationship list<Veranstaltung> hatBelegt inverse Veranstaltung::hoerer
        { order_by Veranstaltung::tag, Veranstaltung::zeit };
    .....
};
```

Untersucht man die von einer Studentin oder einem Studenten belegten Veranstaltungen mit einem Iterator, so greift man auf die Veranstaltung-Objekte in der entsprechenden zeitlich geordneten Reihenfolge zu. Ordnungsdeklarationen werden in der C++-Anbindung derzeit noch nicht unterstützt und von ODL-Parsern ignoriert.

Sinnvollerweise verwendet man als Verbindungsziel für „zu-n"-Beziehungen:

>   set, wenn die verbundenen Objekte nicht geordnet sind;
>   list, wenn die verbundenen Objekte geordnet werden sollen.

Diese Verbindungstypen können direkt in die Klassen d_Rel_Set bzw. d_Rel_List der C++-Anbindung umgesetzt werden, vgl. Abschnitt 4.4.8. Die Ordnung der Objektverbindungen muß im letzten Fall beim Verbindungsaufbau von dem Anwendungsprogramm sichergestellt werden.

Attribut- und Beziehungsdeklarationen können in beliebiger Reihenfolge im Interface-Rumpf einer Typspezifikation aufeinanderfolgen. Aus Gründen der guten Lesbarkeit sollte man sich einen geeigneten Aufbau überlegen und diesen konsequent einhalten.

Bemerkung

Eine Attributdeklaration mit einem Wertebereich, der einen Objekttyp oder eine Collection von Objekten verwendet, z.B. attribute Zug geschaltetFuer; oder attribute list<Person> istElternteil; wird vom ODL-Parser in der Regel in eine unidirektionale Objektbeziehung, also in d_Ref<Zug> geschaltetFuer; oder d_List<d_Ref<Person> >

istElternteil; umgesetzt. Das heißt, mit der ODL können keine Teilobjekte spezifiziert werden. Sofern das ODBS dies unterstützt, kann man die Referenzen aus den generierten Header-Dateien entfernen und stattdessen Zug geschaltetFuer; bzw. d_List<Person> istElternteil; schreiben. Es ist dabei jedoch zu beachten, daß Teilobjekte ihre OID verlieren (vgl. S. 18 und Abschnitt 4.4.5).

3.9 Ausnahmedeklarationen

Ausnahmedeklarationen haben eine der struct-Deklaration vergleichbare Syntax. Es kann eine Reihe von Datenelementen spezifiziert werden, die im Falle des Auswerfens einem auffangenden Handler zur Verfügung stehen. Sofern eine Ausnahme ohne Elemente deklariert wird, ist dem Handler nur ihr Name bekannt.

Ausnahmedeklaration:
    exception *Bezeichner* { *Elementfolge$_{opt}$* }

Ausnahmedeklarationen werden durch Klassen abgebildet, die von der C++-Standardklasse exception abgeleitet sind. Indem man den Typ exception auffängt, kann man somit sämtliche ausgeworfenen Ausnahmen behandeln. Zum Beispiel:

```
// ODL
interface Produktion {
    exception Fehlmenge {
        string bestandteil; unsigned long vorhanden; unsigned long benoetigt;
    };
    .....
};
```

Die C++-Anbindung stellt darüber hinaus eine universell einsetzbare Klasse d_Error zur Verfügung, die ebenfalls von exception abgeleitet ist (vgl. Abschnitt 4.1.3). Ausnahmen können global, innerhalb eines Moduls oder innerhalb einer Schnittstellenspezifikation deklariert werden.

3.10 Methodendeklarationen

Neben den Eigenschaften (Attributen und Beziehungen), die die Objektzustände definieren, ist das Verhalten von Objekten von Interesse. Das Objektverhalten charakterisieren wir, indem wir die Menge der Methoden, die ein Objekt ausführen kann, festlegen. Eine ODL-Methodendeklaration gleicht der Deklaration einer C++-Elementfunktion. Sie muß in einer Schnittstellenspezifikation erfolgen.

Methodendeklaration:
> oneway$_{opt}$ *Fkt-Wert-Spezifikation Bezeichner* (*Parameterliste$_{opt}$*)
> *Ausnahmeausdruck$_{opt}$ Kontextausdruck$_{opt}$*

Fkt-Wert-Spezifikation:
> *Einfacher-Typspezifizierer*
> void

Parameterliste:
> *Parameterdeklaration*
> *Parameterliste , Parameterdeklaration*

Parameterdeklaration:
> *Parameterattribut Einfacher-Typspezifizierer Deklarator*

Parameterattribut:
> in
> out
> inout

Eine Methodendeklaration besteht demnach aus dem Typ des Funktionswerts, dem Methodennamen und einer Parameterliste, die leer sein kann. Als Funktionswert können neben void bis auf Struktur-, Aufzählungs- und Union-Typen alle ODL-Typspezifizierer eingesetzt werden. Strukturen und Aufzählungen kann man zwar nicht im Zusammenhang mit einer Methodendeklaration vereinbaren, aber mit ihrem Typnamen verwenden:

```
// ODL
interface Lieferung {
    struct Adresse { ..... };
    enum Tage { mo, di, mi, do, fr } liefertag();     // Fehler
    Adresse lieferanschrift();                        // korrekt
    .....
};
```

Mit den Parameterattributen wird beschrieben, in welcher „Richtung" die Argumente beim Aufruf einer Methode zu übergeben sind.

- in: Übergabe an das ausführende Objekt;

- out: Rückgabe vom ausführenden Objekt;

- inout: Übergabe in beiden Richtungen.

Methodenparameter müssen immer mit ihrem Typ und Namen spezifiziert werden. Je nach ihrer Größe werden T-Argumente von C++ an einen in-Parameter als T oder const T&, an einen inout-Parameter als T& und an einen out-Parameter als T& oder T*& übergeben; der Funktionswert wird als T oder T* geliefert. Zum Beispiel:

```
// ODL
struct X { ..... };

interface A {
    void f(in float a);
    double g(inout long b);
    void h(out X c);
};

// C++
struct X { ..... };

class A : public d_Object {
public:
    void f(float a);
    double g(long int& b);
    void h(X& c);
};
```

Mit dem optionalen Ausnahmeausdruck kann man festlegen, welche Ausnahmen bei einem Aufruf der Methode ausgeworfen werden können. Ein fehlender Ausnahmeausdruck zeigt an, daß die Methode keine methodenspezifischen Ausnahmen, sondern nur Standardausnahmen auswerfen kann. Der Ausnahmeausdruck wird mit dem Schlüsselwort raises gebildet:

Ausnahmeausdruck:
    raises (*Namensliste*)

Namensliste:

   Name

   Namensliste , Name

Bei den Namen in der Namensliste muß es sich um bereits definierte Ausnahmen
handeln (siehe 3.9). Ein Ausnahmeausdruck wird in C++ direkt in die entsprechende
Ausnahmespezifikation umgesetzt. Zum Beispiel:

```
// ODL
interface A {
    exception B { };
    void f(in float a) raises(B);
    .....
};


// C++
class A : public d_Object {
public:
    class B : public exception { };
    void f(float a) throw(B);
    .....
};
```

Sowohl die optionale oneway-Markierung einer Methode als auch der optionale Kontextausdruck sind nur für entfernte Aufrufe von Bedeutung. Sie wurden aus Kompatibilitätsgründen aus der IDL übernommen und werden vom ODL-Parser in der Regel
ignoriert.

3.11 ODL-Beispiel

In diesem Abschnitt ist Beispiel 2, so wie es in Abbildung 2.5 entwickelt wurde, in der
ODL spezifiziert. Die Objektverbindung zwischen einer Position und dem bestellten
Produkt ist lediglich unidirektional implementiert. Und für die Typen Bestellung und
Position wurde jeweils eine Methode deklariert.

```
// ODL
interface Lieferant;
```

```
interface Position;
interface Produkt;


interface Bestellung (extent Bestellungen) {
    attribute string bestellnummer;
    attribute Date datum;
    attribute list<Position> positionen;
    relationship Lieferant inAuftragBei inverse Lieferant::wickeltAb;
    double berechneGesamtbetrag();
};


interface Lieferant (extent Lieferanten) {
    struct Adresse { string strasse; short nr; long plz; string ort; };
    attribute string name;
    attribute Adresse anschrift;
    relationship set<Bestellung> wickeltAb inverse Bestellung::inAuftragBei;
};


interface Position {
    attribute unsigned short nummer;
    attribute unsigned long menge;
    attribute Produkt bestellt;
    double berechneBetrag();
};


interface Produkt (extent Produkte) {
    attribute string bezeichnung;
    attribute double preis;
};
```

Die Gesamtheit-Teil-Struktur zwischen Bestellungen und ihren Positionen ist hier mit
einem listenwertigen Attribut realisiert worden. Man erkennt hier, daß für die ODL
kein Unterschied zu einer unidirektionalen Objektverbindung besteht.

3.12 Übungsaufgaben

1. Vervollständigen Sie die in Abschnitt 3.8 begonnene ODL-Spezifikation für Beispiel 1. Benutzen Sie dazu das Modell aus Abbildung 3.1

2. Fertigen Sie eine ODL-Spezifikation für das sog. „Kaffeehaus-Beispiel" an. Hierbei sollen Cafe-, Gast- und Wertung-Objekte modelliert werden, wie es in Abbildung 3.3 dargestellt ist.

   Jedes Café wird von einer Menge von Gästen bevorzugt; jeder Gast hat genau ein bevorzugtes Café. Alle Gäste führen eine Liste von Wertungen, mit denen sie einer Reihe bewerteter Cafés eine Punktzahl zwischen 0 und 10 geben. Die Liste soll durch eine Methode aktualisiert und verändert werden können. Dieses Beispiel wird im folgenden als Beispiel 3 fortgesetzt.

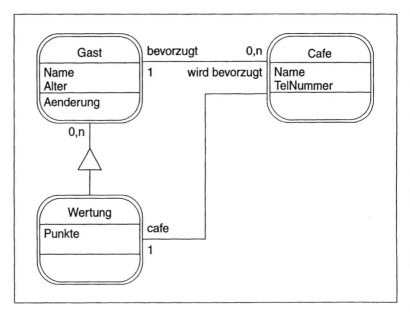

Abbildung 3.3: Analyse/Designmodell für Beispiel 3

Kapitel 4

Die C++-Anbindung

4.1 Einleitung

In diesem Kapitel betrachten wir die C++-Anbindung der Objektdefinitions-Sprache ODL aus Kapitel 3 und die Objektmanipulations-Sprache OML. Sowohl die C++-ODL als auch die OML verwenden nur die Standard-C++-Syntax, wobei das ODBMS eine Klassenbibliothek zur Unterstützung der Konzepte des ODMG-Objektmodells bereitstellen muß.

In der C++-Anbindung werden die Objekte und Literale des Objektmodells dadurch erzeugt, daß eine Klasse d_Object definiert ist. Von d_Object abgeleitete Klassen sind persistenzfähig, d.h. ihre Objekte können sowohl persistent als auch transient sein. Die Entscheidung trifft man im Anwendungsprogramm bei der Objekterzeugung; es steht dazu eine überladene Form des new-Operators zur Verfügung. Objekte, die mit einer Klasse erzeugt werden, die d_Object nicht als Basisklasse hat, sind transient und werden nicht in die Datenbank aufgenommen.

Zur Manipulation persistenter Objekte ist eine parametrisierte Klasse d_Ref<T> definiert, die Objekte des Typs T referenziert und mittels eines überladenen Pfeiloperators ("Smart Pointer") beim Zugriff feststellt, ob sich ein Objekt im Hauptspeicher der Anwendung befindet oder erst aus der Datenbank geladen werden muß.

Die Collection-Typen des Objektmodells werden durch die Definition einer abstrakten parametrisierten Klasse d_Collection unterstützt. Von dieser sind d_Set, d_Bag, d_List und d_Varray abgeleitet. Mittels d_Varray kann man die unbegrenzten Felder der ODL erzeugen. Felder gegebener Größe definiert man mit der üblichen C++-Syntax.

Auch die Deklaration von Objektbeziehungen erfolgt unter Verwendung von parametrisierten Klassen: „zu-1"-Beziehungen bildet man mit der Klasse d_Rel_Ref und „zu-n"-Beziehungen mit d_Rel_Set oder d_Rel_List.

Extensionen und Schlüssel müssen von einer ODMG-Datenbank nicht unterstützt werden. Gegebenenfalls sind diese selbst zu implementieren (siehe die Übungsaufgaben am Ende von Kapitel 2). In der C++-Anbindung kann ein Objekt höchstens einen Namen erhalten.

Sobald C++-Compiler, die Namensbereiche deklarieren können, weitere Verbreitung gefunden haben, werden alle ODMG-Klassen der C++-Anbindung in einen Namensbereich odmg eingebracht. Das Präfix d_ wird dennoch beibehalten werden.

4.1.1 Basistypen fester Größe

Zusätzlich zu den vordefinierten C++-Datentypen muß ein ODMG-konformes ODBS für die C++-Anbindung eine Reihe von Basistypen mit fester Größe zur Verfügung stellen. In Tabelle 4.1 sind diese Typen zusammen mit ihrer Größe und Interpretation aufgeführt. Hier handelt es sich nicht um neue C++-Datentypen, die man beispielsweise zum Überladen von Funktionsnamen einsetzen könnte. Vielmehr sind sie als Synonym für die auf einer bestimmten Hard- und Softwareumgebung verfügbaren Typen definiert. Das ODBMS muß dabei garantieren, daß die in der Tabelle angegebenen Größen und Standards eingehalten werden.

Auf diese Weise sollen plattform- und umgebungsunabhängig dieselben Resultate

Typname	Größe	Beschreibung
d_Short	16 Bit	ganzahlig, mit Vorzeichen
d_Long	32 Bit	ganzahlig, mit Vorzeichen
d_UShort	16 Bit	ganzahlig, ohne Vorzeichen
d_ULong	32 Bit	ganzahlig, ohne Vorzeichen
d_Float	32 Bit	einfach genauer Gleitpunkttyp (IEEE)
d_Double	64 Bit	doppelt genauer Gleitpunkttyp (IEEE)
d_Char	8 Bit	Zeichentyp (ASCII)
d_Octet	8 Bit	–
d_Boolean	–	Werte 0 (false) und 1 (true)

Tabelle 4.1: Basistypen fester Größe

beim Einsatz arithmetischer Typen zur Attributdeklaration sichergestellt werden. Die vordefinierten C++-Typen int, unsigned int usw. können nach wie vor benutzt werden, es ist aber empfehlenswert, d_Short, d_Long usw. zu verwenden, um portable Programme zu erhalten. Auch ein guter ODL-Parser wird diese Datentypen einsetzen und im Beispiel von S. 30 entsprechend d_UShort nummer() const; usw. schreiben.

4.1.2 Die Klasse d_String

Die Klasse d_String stellt die elementare Funktionalität zur Aufnahme von Zeichenketten in ein persistentes Objekt bereit. Die Erzeugung, Initialisierung und Zuweisung von Zeichenketten sowie die Konversion von und nach char* werden unterstützt. Relationale Operatoren (<, >,<=, >=), Gleichheitsoperatoren (==, !=) und der Indexoperator [] zum Zugriff auf eine bestimmte Komponente sind definiert. Auch die Länge der Zeichenkette kann festgestellt werden:

```
class d_String {
public:
    d_String();
    d_String(const d_String&);
    d_String(const char*);
    ~d_String();
    d_String& operator=(const d_String&);
    d_String& operator=(const char*);
    operator const char* () const;
    d_Char& operator[](d_ULong index);
    d_ULong length() const;
    friend d_Boolean operator==(const d_String& sL, const d_String& sR);
    friend d_Boolean operator==(const d_String& sL, const char* pR);
    friend d_Boolean operator==(const char* pL, const d_String& sR);
    friend d_Boolean operator!=(const d_String& sL, const d_String& sR);
    friend d_Boolean operator!=(const d_String& sL, const char* pR);
    friend d_Boolean operator!=(const char* pL, const d_String& sR);
    friend d_Boolean operator<(const d_String& sL, const d_String& sR);
    friend d_Boolean operator<(const d_String& sL, const char* pR);
    friend d_Boolean operator<(const char* pL, const d_String& sR);
    friend d_Boolean operator<=(const d_String& sL, const d_String& sR);
    friend d_Boolean operator<=(const d_String& sL, const char* pR);
```

```
    friend d_Boolean operator<=(const char* pL, const d_String& sR);
    friend d_Boolean operator>(const d_String& sL, const d_String& sR);
    friend d_Boolean operator>(const d_String& sL, const char* pR);
    friend d_Boolean operator>(const char* pL, const d_String& sR);
    friend d_Boolean operator>=(const d_String& sL, const d_String& sR);
    friend d_Boolean operator>=(const d_String& sL, const char* pR);
    friend d_Boolean operator>=(const char* pL, const d_String& sR);
    .....
};
```

Mit Hilfe der relationalen Operatoren kann ein d_String lexikographisch mit einem d_String oder einer C++-Zeichenkette, auf die ein char*-Zeiger verweist, verglichen werden. Weitere Operationen, z.b. zum Extrahieren von Teilstrings oder zum Einfügen oder Aneinanderfügen sind nicht definiert.

4.1.3 Ausnahmebehandlung

Zur Ausnahmebehandlung ist es möglich, eigene Klassen von der C++-Standardklasse exception abzuleiten. Alternativ kann die in der C++-Anbindung definierte Klasse d_Error benutzt werden, die auch das ODBMS einsetzt, um Systemausnahmen auszuwerfen.

Ein d_Error-Objekt enthält ein Datenelement des Typs d_Long, das den Fehlertyp charakterisiert und eine Zeichenkette, die weitere Informationen aufnehmen kann. Mit dem Operator << können diese Zusatzinformationen eingefügt bzw. beim erneuten Auswerfen vervollständigt werden. Es sind zwei Funktionen get_kind() und what() zum Zugriff auf Fehlertyp und Zusatzinformation vereinbart.

```
    class d_Error : public exception {
    public:
        typedef d_Long kind;
        d_Error();
        d_Error(const d_Error&);
        d_Error(kind the_kind);
        ~d_Error();
        kind get_kind();
        void set_kind(kind the_kind);
        const char* what() const throw();
```

```
    d_Error& operator<<(d_Char);
    d_Error& operator<<(d_Short);
    d_Error& operator<<(d_UShort);
    d_Error& operator<<(d_Long);
    d_Error& operator<<(d_ULong);
    d_Error& operator<<(d_Float);
    d_Error& operator<<(d_Double);
    d_Error& operator<<(const char*);
    d_Error& operator<<(const d_String&);
    d_Error& operator<<(const d_Error&);
    .....
};
```

Weiterhin ist eine Reihe systemspezifischer Konstanten des Typs d_Error::kind (also d_Long) definiert. Diese sind zur Ausnahmebehandlung durch das ODBMS vorgesehen. Ihre Werte kann man der d_Error-Header-Datei entnehmen:

d_Error_DatabaseClassMismatch	d_Error_DatabaseClassUndefined
d_Error_DatabaseClosed	d_Error_DatabaseOpen
d_Error_DateInvalid	d_Error_IteratorExhausted
d_Error_NameNotUnique	d_Error_QueryParameterCountInvalid
d_Error_QueryParameterTypeInvalid	d_Error_RefInvalid
d_Error_RefNull	d_Error_TimeInvalid
d_Error_TimestampInvalid	d_Error_TransactionOpen
d_Error_TypeInvalid	

Das folgende Programmfragment zeigt beispielhaft, wie ein Ausnahmeobjekt erzeugt, ausgeworfen, abgefangen und „behandelt" wird.

```
try {
    d_Error err(d_Error_DatabaseClassMismatch);
    d_String a("Test ");
    d_Short b = 1;
    err << a << b;
    throw err;
}
catch(d_Error& ex) {
    cout << "Fehler " << ex.get_kind() << " Beschreibung " << ex.what() << endl;
}
```

4.2 Die C++-ODL

Je nach verwendetem Datenbanksystem wird die sprachunabhängige ODL oder die C++-ODL unterstützt. Gegebenenfalls sind beide Möglichkeiten zur Definition eines Objektschemas vorhanden.

Falls klar ist, daß Anwendungen nur unter demselben ODBMS laufen werden und daß als Programmiersprache jeweils C++ benutzt werden soll, ist es einfacher, anstatt der ODL die C++-ODL zu verwenden. Die in Abbildung 1.2 dargestellte Vorgehensweise bei der Anwendungsentwicklung ändert sich dadurch nicht prinzipiell. Die Definitionen für persistenzfähige Klassen werden in C++-ODL geschrieben, und mittels Präprozessoraufruf ergeben sich daraus wieder Schemainformationen. Unter Umständen werden dabei auch die C++-Header vor ihrem Einfügen in die Anwendung nochmals transformiert. Die folgenden Punkte sind zu beachten:

- Eine Klasse wird dadurch persistenzfähig, daß wir sie von d_Object ableiten.

- Die Definition von Attributen und Methoden erfolgt wie üblich mittels Datenelementen und Elementfunktionen.

- In persistenzfähige Klassen können Klassen eingebettet werden, die selbst wieder persistenzfähig sind. Da die entsprechenden Teilobjekte dabei ihre OID verlieren, kann eine Anwendung sie nicht als selbständige Objekte speichern oder wieder lesen.

- Union-Typen, Bitfelder und Referenzen müssen als Datenelemente persistenzfähiger Klassen nicht unterstützt werden. Denn bei Union-Typen und Bitfeldern ist die Struktur stark implementationsabhängig. Und Referenzen können nur bei der Objekterzeugung initialisiert werden und sind nicht bei jedem erneuten Laden des Objekts aktualisierbar. Anstelle von T& können wir jedoch ein d_Ref<T>-Datenelement verwenden, wenn T eine persistenzfähige Klasse ist.

- Neben d_String stehen die Klassen d_Date, d_Time, d_Timestamp und d_Interval zur Erzeugung strukturierter Literale zur Verfügung; diese werden wir in Abschnitt 4.4.10 genauer betrachten.

4.2.1 Objektbeziehungen

Unidirektionale Beziehungen zu anderen Objekten, deren Integrität das ODBMS nicht kontrolliert, spezifiziert man über die parametrisierte Klasse d_Ref<T>.

Hier muß T eine persistenzfähige Klasse sein. Zum Beispiel:

```
// C++
class Zug : public d_Object { ..... };

class Fahrstrasse : public d_Object {
    d_Ref<Zug> geschaltetFuer;
    .....
};
```

Bei unidirektionalen Verbindungen mit größerer Kardinalität verwendet man ein Datenelement eines Collection-Typs, das d_Ref<T>-Objekte enthält:

```
// C++
class Person : public d_Object {
    d_Ref<Person> istEhepartner;
    d_List<d_Ref<Person> > istElternteil;
    d_Varray<d_Ref<Person> > istKind;
    .....
};
```

Die d_Ref-Klassendefinition wird in Abschnitt 4.4.1 besprochen. d_Collection und die von ihr abgeleiteten Klassen sind Gegenstand von Abschnitt 4.4.7.

Zur Erzeugung bidirektionaler Objektbeziehungen, deren Integrität das ODBMS garantiert, definiert man – ähnlich wie in der ODL – ihr Verbindungsziel und den inversen Verbindungsweg. Dabei verwendet man je nach der Kardinalität der Verbindung eine der drei parametrisierte Klassen

```
d_Rel_Ref<Z, W>      d_Rel_Set<Z, W>      d_Rel_List<Z, W>
```

Der Template-Parameter Z dient dazu, das Verbindungsziel (also die Klasse „am Ende" des Verbindungswegs) zu spezifizieren. W ist ein Parameter des Typs const char*, der den Namen des inversen Verbindungswegs aufnimmt – die Klasse Z muß ein so benanntes Datenelement enthalten. Das heißt, Verbindungswege werden wie in der ODL paarweise vereinbart.

Für jeden Typ Z hat die Klasse d_Rel_Ref<Z, W> dieselbe public Schnittstelle wie d_Ref<Z>. d_Rel_Ref-Datenelemente wahren aber darüber hinaus die referentielle

Integrität einer Beziehung. Analog verfügt d_Rel_Set<Z, W> über dieselbe public
Schnittstelle wie d_Set<d_Ref<Z> >. Und ebenso hat d_Rel_List<Z, W> dieselbe
public Schnittstelle wie d_List<d_Ref<Z> >.

Bei der Initialisierung der Parameter W muß darauf geachtet werden, daß für verschiedene Verbindungswege verschiedene Adressen eingetragen werden, auch wenn
verschiedene Wege gleich heißen. Umgekehrt muß dieselbe Adresse für einen Verbindungsweg eingesetzt werden, auch wenn eine Klassendefinition mehrmals in die
Programmdateien eines Programms eingefügt wird.

1-zu-1-Objektbeziehungen

Zur Deklaration von 1-zu-1-Objektbeziehungen benutzt man die Klasse d_Rel_Ref.
Die Beziehung zwischen Filiale- und Filialleiter-Objekten von Beispiel 1 kann mit
dieser Technik wie folgt implementiert werden (siehe hierzu Abbildung 3.1, S. 47):

```
// C++-Header
extern const char _wirdGeleitet[], _leitet[];

class Filiale;
struct Adresse { ..... };

class Person : public virtual d_Object {
public:
    virtual ˜Person() = 0;
    Adresse anschrift;
    d_String name;
};

class Filialleiter : public Person {
public:
    enum status { vorstand, handlung, kasse };
    status vollmacht;
    d_Rel_Ref<Filiale, _wirdGeleitet> leitet;
};

class Filiale : public virtual d_Object {
public:
```

```
    d_UShort nummer;
    Adresse anschrift;
    d_Rel_Ref<Filialleiter, _leitet> wirdGeleitet;
};
```

```
// C++-Implementation
const char _wirdGeleitet[] = "wirdGeleitet", _leitet[] = "leitet";
Person::~Person() { }
```

Bei diesem Beispiel wird d_Object als virtuelle Basisklasse eingesetzt und eine Klasse mittels rein virtuellem Destruktor als abstrakt deklariert. Da diese Konstruktionen derzeit nicht von allen ODBMS unterstützt werden, werden sie in den übrigen Beispielen nicht benutzt. Aus Platzersparnisgründen sind die Klassen hier ohne jeglichen Zugriffsschutz definiert worden. Auch Konstruktoren und Destruktor sind jeweils noch zu ergänzen.

Die spezielle Konstruktion der Verbindungswegparameter mit der extern-Deklaration in der Header-Datei und der Definition in einer Programmdatei sorgt dafür, daß die oben genannten Ziele in bezug auf die Eindeutigkeit der Namen der Verbindungswege erreicht werden. Mit Beziehungsdeklarationen der Form d_Rel_Ref<Filiale; "wird-Geleitet"> leitet; und d_Rel_Ref<Filialleiter, "leitet"> wirdGeleitet; wäre dies nicht möglich. Die vorgestellte Lösung kann jedoch verbessert werden, indem wir auch die Zeichenketten (als static-Datenelemente) so in den Geltungsbereich der entsprechenden Klassen einbringen wie es in den beiden folgenden Codefragmenten gezeigt ist.

Die im Beispiel verwendeten Feldnamen der Template-Argumente sind ohne Bedeutung. Statt _wirdGeleitet und _leitet hätten wir ebensogut x und y schreiben können. Es kommt hier nur auf den Wert an. Die Zeichenkette muß den Namen des Datenelements enthalten, mit dem der inverse Verbindungsweg deklariert ist. Diese Deklaration steht in der Verbindungsziel-Klasse. Also: _wirdGeleitet[] = "wirdGeleitet" und _leitet[] = "leitet" oder x[] = "wirdGeleitet" und y[] = "leitet".

1-zu-n-Objektbeziehungen

Diesen Beziehungstyp spezifiziert man mit einem d_Rel_Set- oder d_Rel_List-Datenelement auf der „1-Seite" und mittels d_Rel_Ref auf der „n-Seite" der Verbindung. Wenn d_Rel_List gewählt wird, kann die Objektverbindung geordnet werden.

Für Beispiel 1 ist die Filiale–Konto-Beziehung folgendermaßen realisierbar:

```
// C++-Header
class Konto : public virtual d_Object {
public:
    virtual ~Konto() = 0;
    d_ULong kontonummer;
    d_Double kontostand;
    static const char _fuehrt[];
    d_Rel_Ref<Filiale, _fuehrt> wirdGefuehrt;
};

class Filiale : public virtual d_Object {
public:
    d_UShort nummer;
    Adresse anschrift;
    static const char _leitet[];
    static const char _wirdGefuehrt[];
    d_Rel_Ref<Filialleiter, _leitet> wirdGeleitet;
    d_Rel_List<Konto, _wirdGefuehrt> fuehrt;
};
```

```
// C++-Implementation
const char Konto::_fuehrt[] = "fuehrt", Filiale::_leitet[] = "leitet",
    Filiale::_wirdGefuehrt[] = "wirdGefuehrt";
Konto::~Konto() { }
```

Auch diese Klassendefinitionen sind noch um Zugriffsschutz, Zugriffsfunktionen, Konstruktoren, Destruktor sowie Operatorfunktionen (z.B. =, == und <) zu ergänzen.

m-zu-n-Objektbeziehungen

Analog zur Vorgehensweise beim ODL-Einsatz ist hier für beide Seiten der Verbindung eine Menge oder Liste von Verbindungszielen zu definieren. Daher verwendet man in beiden beteiligten Klassen ein d_Rel_Set- oder d_Rel_List-Datenelement. Die Beziehung zwischen Kunde- und Konto-Objekten aus Beispiel 1 kann wie folgt umgesetzt werden. Die fehlenden Definitionen der static Datenelemente sind noch in der zugehörigen Implementationsdatei vorzunehmen.

```
class Konto : public virtual d_Object {
public:
    ..... wie bisher
    static const char _istInhaber[];
    d_Rel_Set<Kunde, _istInhaber> istKto;
};


class Kunde : public Person {
public:
    d_UShort bonitaet;
    static const char _istKto[];
    d_Rel_List<Konto, _istKto> istInhaber;
};
```

4.3 C++-ODL-Beispiel

In diesem Abschnitt sind für die Problemspezifikation von Beispiel 3 (siehe Abbildung 3.3, S. 56) die entsprechenden C++-ODL-Klassendefinitionen zusammengestellt. Im Unterschied zu den bisherigen Beispielen wurden die Datenelemente private gekapselt und mit Zugriffsfunktionen versehen. Darüber hinaus ist die Header-Datei mit #ifndef ..., #define ... und #endif geklammert. In den nachfolgenden Abschnitten wird dann in der Regel wieder wie bisher kurz public modelliert.

```
// kaffee.h
#ifndef _KAFFEE_H_
#define _KAFFEE_H_
// verschiedene Include-Direktiven. Zum Beispiel #include <d_rel_ref.h>
class Cafe;


struct Wertung : d_Object {
    Wertung(const d_Ref<Cafe>&, d_UShort);
    d_Ref<Cafe> cafe;
    d_UShort punkte;
};
```

```cpp
class Gast : public d_Object {
public:
    Gast(const d_String& = "", d_UShort = 0);
    void name(const d_String& n) { _name = n; }
    const d_String& name() const { return _name; }
    void alter(d_UShort a) { _alter = a; }
    d_UShort alter() const { return _alter; }
    const d_Set<d_Ref<Wertung> >& werte() const { return _werte; }
    void bevorzugt(const d_Ref<Cafe>& b) { _bevorzugt = b; }
    const d_Ref<Cafe>& bevorzugt() const { return _bevorzugt; }
    void aenderung(const d_Ref<Wertung>&);
private:
    d_String _name;
    d_UShort _alter;
    d_Set<d_Ref<Wertung> > _werte;
    static const char _wirdBevorzugt[];
    d_Rel_Ref<Cafe, _wirdBevorzugt> _bevorzugt;
};


class Cafe : public d_Object {
    friend d_Boolean operator==(const Cafe&, const Cafe&);
public:
    Cafe(const d_String& = "", d_ULong = 0);
    void name(const d_String& n) { _name = n; }
    const d_String& name() const { return _name; }
    void telNummer(d_ULong t) { _telNummer = t; }
    d_ULong telNummer() const { return _telNummer; }
    d_Set<d_Ref<Gast> >& wirdBevorzugt() { return _wirdBevorzugt; }
private:
    d_String _name;
    d_ULong _telNummer;
    static const char _bevorzugt[];
    d_Rel_Set<Gast, _bevorzugt> _wirdBevorzugt;
};


#endif
```

```
// kaffee.cpp
#include <kaffee.h>

Wertung::Wertung(const d_Ref<Cafe>& c, d_UShort p) {
    cafe = c;
    punkte = p;
}


Gast::Gast(const d_String& n, d_UShort a) : _name(n) { _alter = a; }

void Gast::aenderung(const d_Ref<Wertung>& w) {
    // Implementation in Abschnitt 4.4.7
}

const char Gast::_wirdBevorzugt[] = "_wirdBevorzugt";

Cafe::Cafe(const d_String& n, d_ULong t) : _name(n) { _telNummer = t; }

d_Boolean operator==(const Cafe& c1, const Cafe& c2) {
    return c1._name == c2._name && c1._telNummer == c2._telNummer;
}

const char Cafe::_bevorzugt[] = "_bevorzugt";
```

4.4 Die Objektmanipulationssprache C++-OML

Die OML ist die Sprache, die eingesetzt wird, um Anwendungsprogramme zu schreiben, die persistente Objekte erzeugen, manipulieren, speichern, löschen usw. In der C++-Anbindung wird Standard-C++ zusammen mit einer ODMG-Klassenbibliothek eingesetzt.

In den vorangegangenen Abschnitten und Kapiteln wurden die Einschränkungen des ODMG-Objektmodells durch die C++-Anbindung bereits eingestreut:

- Es gibt nur eine C++-Implementation pro Objekttyp.

- Extensionen und Schlüssel werden nicht von jedem ODBMS unterstützt.

- Ein Objekt kann mit höchstens einem Namen benannt werden.

- Methoden zur Datenbankadministration sind nicht in die OML aufgenommen.

Weiterhin ist zu beachten, daß persistente Objekte zwar Datenelemente eines vordefinierten Typs, benutzerdefinierten (transienten oder persistenten) Typs oder Zeigertyps enthalten können. Mit C++-Zeigern oder -Referenzen kann ein Anwendungsprogramm auf derartige Datenelemente aber nur während der Ausführung einer Transaktion verweisen. Dies liegt daran, daß die Objekte am Transaktionsende unter Umständen schon in die Datenbank oder in einen Puffer ausgelagert werden; und das erneute Laden erfolgt nur innerhalb einer Transaktion über ein d_Ref-Objekt und nicht mit einem C++-Zeiger oder einer C++-Referenz.

Innerhalb der C++-OML werden transiente und persistente Objekte in bezug auf ihre Erzeugung, das Referenzieren, den Aufruf von Methoden und ihre Zerstörung weitestmöglich gleich behandelt. Sie können insbesondere in Ausdrücken beliebig kombiniert werden. Wenn beispielsweise T eine persistenzfähige Klasse ist, so kann eine Funktion f(const T&, const T&) mit zwei persistenten T-Objekten, mit einem transienten und einem persistenten T-Objekt oder mit zwei transienten T-Objekten aufgerufen werden. Analog können auch Operatorfunktionen (z.B. ==, !=, < usw.) auf transienten und persistenten Operanden operieren. Ein Unterschied betrifft Transaktionen und Anfragen: Abgebrochene Transaktionen setzen nur persistente Objekte in ihren Zustand zu Transaktionsbeginn zurück. Und OQL-Anfragen sind nicht an transiente, sondern nur an Datenbankobjekte möglich.

4.4.1   Die vier grundlegenden Klassen

Jedes C++-Programm, das persistente Objekte erzeugen, manipulieren, abspeichern oder löschen soll, benötigt die vier grundlegenden Klassen d_Object, d_Database, d_Transaction und d_Ref.

Die Klasse d_Object

Eine Klasse wird dadurch persistenzfähig, daß sie von der Klasse d_Object abgeleitet wird. Diese Ableitung nehmen wir beim Einsatz der C++-ODL selbst vor, oder sie wird beim Übersetzen einer ODL-Schnittstellendefinition vom ODL-Parser erzeugt. Objekte einer von d_Object direkt oder indirekt abgeleiteten Klasse können transient oder persistent sein – ausschlaggebend ist, mit welcher Form des für d_Object überladenen new-Operators sie erzeugt werden. Die Klasse d_Object ist wie folgt definiert:

```
class d_Object {
public:
    d_Object();
    d_Object(const d_Object&);
    virtual ˜d_Object();
    d_Object& operator=(const d_Object&);
    void mark_modified();
    void* operator new(size_t size);
    void* operator new(size_t size, const d_Ref_Any& cluster,
        const char* classname);
    void* operator new(size_t size, const d_Database* database,
        const char* classname);
    void operator delete(void*);
    virtual void d_activate();
    virtual void d_deactivate();
    ......
};
```

Durch die Definition des Copy-Konstruktors und Zuweisungsoperators, die beide nicht an benutzerdefinierte, von d_Object abgeleitete Klassen vererbt werden, wird verhindert, daß beim Kopieren von Objekten ihre OID kopiert wird. mark_modified() ist eine Elementfunktion, die aus Portabilitätsgründen aufgerufen werden muß, wenn man den Zustand eines Objekts dauerhaft ändern will.

Mit dem delete-Operator und einem C++-Zeiger auf ein persistentes Objekt kann man dieses zerstören und aus dem Speicher der Anwendung und der Datenbank löschen. Dieselbe Wirkung ist alternativ mit der Elementfunktion delete_object() der d_Ref-Klasse erzielbar.

Die Definitionen der virtuellen Funktionen d_activate() und d_deactivate() können wir in einer persistenzfähigen Klasse überschreiben. Beide Funktionen werden vom ODBMS aufgerufen. d_activate() wird aufgerufen, wenn ein Objekt aus der Datenbank gelesen wird. Mit diesem Aufruf kann man beispielsweise transiente Teilobjekte innerhalb eines Objekts initialisieren. d_deactivate() wird aufgerufen, wenn ein Objekt in die Datenbank zurückgeschrieben wird und kann eingesetzt werden, um gegebenenfalls zur Unterstützung des Objekts erzeugte Hilfsobjekte wieder zu zerstören (vgl. hierzu das Beispiel in Abschnitt 4.4.9).

Die Bedeutung der drei verschiedenen new-Versionen wird im folgenden Abschnitt 4.4.2 im Detail besprochen.

Die Klasse d_Database

Eine ODMG-Datenbank wird in der Regel eine große Anzahl miteinander verbundener und kooperierender Objekte enthalten. Bevor man auf diese Objekte zugreifen kann, muß ihre Datenbank geöffnet werden. Wenn die Objekte nicht mehr benötigt werden, kann die Datenbank geschlossen werden, damit die Systemressourcen für andere aktive Datenbanken verfügbar sind.

Der Standard legt nicht fest, wie Datenbanken erzeugt oder gelöscht werden. Dies kann implementationsabhängig mit speziellen Funktionen der C++-OML oder über gesonderte Administrationstools erfolgen. Vor dem ersten Öffnen muß eine Datenbank also erzeugt und mit den entsprechenden Schemainformationen versehen werden. Eine bereits existierende Datenbank wird in Anwendungsprogrammen durch ein transientes Objekt der Klasse d_Database repräsentiert. d_Database hat folgende Klassendefinition:

```
class d_Database {
public:
    static const d_Database* const transient_memory;
    enum access_status { not_open, read_write, read_only, exclusive };
    void open(const char* database_name, access_status = read_write);
    void close();
    void set_object_name(const d_Ref_Any& theObject, const char* theName);
    void rename_object(const char* oldName, const char* newName);
    d_Ref_Any lookup_object(const char* name) const;
private:
    d_Database(const d_Database&);
    d_Database& operator=(const d_Database&);
    ......
};
```

Der von open() benutzte *logische* Datenbankname ist je nach System von den Programmentwicklern frei wählbar oder er wurde bei der Erzeugung der Datenbank festgelegt. Eine Datenbank muß geöffnet werden, bevor man auf die Objekte, die in ihr gespeichert sind, zugreifen kann. Vor dem Programmende muß jede offene

Datenbank geschlossen werden, ansonsten ist das Ergebnis undefiniert. Ein Versuch nach close() noch auf persistente Objekte zuzugreifen, führt zum Auswerfen der Ausnahme d_Error_DatabaseClosed. Umgekehrt wird d_Error_DatabaseOpen ausgeworfen, wenn versucht wird, eine bereits geöffnete Datenbank nochmals zu öffnen.

Falls beim Zugriff auf ein Datenbankobjekt die Schemainformation in der Datenbank nicht mit der Klassendefinition im Anwendungsprogramm übereinstimmt, wirft das ODBMS eine d_Error_DatabaseClassMismatch-Ausnahme aus.

Das folgende Codefragment zeigt, wie eine Datenbank geöffnet und wieder geschlossen wird.

```
int main() {
    d_Database db;
    db.open("beispiel1DB");
    ..... Transaktionen
    db.close();
    return 0;
}
```

Es ist möglich, daß vor dem open()- und nach dem close()-Aufruf noch systemspezifische init()- oder connect()- bzw. deinit()- oder disconnect()-Funktionen aufzurufen sind.

Mit den Elementfunktionen set_object_name() und rename_object() kann man Objektnamen vergeben. Falls der übergebene Objektname bereits für ein anderes Objekt in derselben Datenbank eingetragen ist, wird eine d_Error_NameNotUnique-Ausnahme ausgeworfen. Ein benanntes Objekt wird zum unbenannten Objekt, indem wir rename_object() mit 0 als zweitem Argument aufrufen. Der Zustand des Objekts ändert sich dabei nicht. Wenn ein Objekt gelöscht wird, erfolgt auch automatisch das Löschen des Objektnamens, d.h. ein eigener rename_object()-Aufruf ist in diesem Fall nicht erforderlich.

Auf ein benanntes T-Objekt greifen wir mittels lookup_object() zu. Wenn ein Objekt mit dem als Argument übergebenen Namen in der Datenbank gefunden wird, lädt das ODBMS das Objekt und liefert als Funktionswert einen Verweis in Form eines d_Ref_Any-Objekts. Diesen Verweis kann man zur Initialisierung eines d_Ref<T>-Objekts oder eines d_Ref<S>-Objekts benutzen, wenn S Basisklasse von T ist. Auch die entsprechenden Zuweisungen sind möglich. Andere Initialisierungen oder Zuweisungen führen zum Auswerfen der Ausnahme d_Error_TypeInvalid. Wenn kein Objekt mit dem gegebenen Namen in der Datenbank gefunden wird, liefert lookup_object() eine *Nullreferenz*.

Der d_Database-Klassendefinition können wir noch entnehmen, daß das Kopieren von Datenbanken durch die private Spezifizierung des Copy-Konstruktors und des Zuweisungsoperators verhindert wird.

Die Klasse d_Transaction

Programme, die persistente Objekte benutzen, werden in Transaktionen gegliedert. Jeglicher Zugriff auf persistente Objekte: ihre Erzeugung, Modifikation und ihre Zerstörung muß innerhalb einer Transaktion vorgenommen werden (siehe Abschnitt 2.7). Durch das Transaktionsmanagement des ODBMS werden gleichzeitige Zugriffe mehrerer Benutzer auf dieselbe Datenbank ermöglicht, wobei die Konsistenz der Objektzustände und insbesondere der Objektbeziehungen durch das Setzen von Sperren gewährleistet wird. Ein Benutzer kann nie durch die Transaktionen anderer Benutzer verursachte inkonsistente Zwischenergebnisse der Datenbank „sehen".

Eine Transaktion besteht aus einer Folge von Methodenaufrufen, die entweder in ihrer Gesamtheit erfolgreich beendet wird oder, falls die Kooperation der betroffenen Objekte nicht gelingt, komplett rückgängig gemacht wird. Eine ODMG-Transaktion wird durch ein transientes Objekt der Klasse d_Transaction repräsentiert. Die Klassendefinition hat folgende Gestalt:

```
class d_Transaction {
public:
    d_Transaction();
    ~d_Transaction();
    void begin();
    void commit();
    void abort();
    void checkpoint();
private:
    d_Transaction(const d_Transaction&);
    d_Transaction& operator=(const d_Transaction&);
    .....
};
```

Vor Beginn einer Transaktion muß ein d_Transaction-Objekt erzeugt werden. Die Transaktion wird durch expliziten Aufruf der Elementfunktion begin() gestartet –

nicht bereits durch den Aufruf des d_Transaction-Konstruktors. Dies hat den Grund, daß Transaktionen explizit mittels commit() oder abort() beendet werden müssen. Ein wiederholter begin()-Aufruf ohne vorheriges Beenden der Transaktion führt zum Auswerfen einer d_Error_TransactionOpen-Ausnahme.

Durch einen commit()-Aufruf werden alle in der Transaktion modifizierten oder erzeugten Objekte mit ihrem neuen Zustand in der Datenbank permanent eingetragen, sofern man für sie mark_modified() aufgerufen hat. Gelöschte Objekte werden dauerhaft aus der Datenbank entfernt, und alle Änderungen werden für andere Transaktionen sichtbar. Mittels abort() werden geänderte Objekte in ihren Ausgangszustand zurückgesetzt, und auch Objekterzeugungen und -löschungen werden rückgängig gemacht. Sowohl commit() als auch abort() geben sämtliche während der Transaktion erworbenen Sperren frei und beenden die Transaktion. Die mit d_Ref-Objekten gespeicherten Verweise auf persistente Objekte sind nach Transaktionsende undefiniert. Bei der Ausführung von commit() werden sämtliche in einem persistenten Objekt enthaltenen d_Ref-Verweise auf transiente Objekte durch die Nullreferenz ersetzt, da die referenzierten transienten Objekte beim erneuten Laden des persistenten Objekts möglicherweise nicht mehr existieren.

Sollen Änderungen während einer Transaktion permanent gemacht werden und will man die erworbenen Sperren beibehalten, ruft man checkpoint() auf. Auch die Werte aller Zeiger und d_Ref-Objekte bleiben in diesem Fall unverändert.

Ein Transaktionsobjekt wird nur durch den entsprechenden Destruktoraufruf, nicht durch commit(), abort() oder checkpoint() gelöscht. Nach einem checkpoint()-Aufruf kann die Transaktion unmittelbar fortgesetzt werden. Nach commit() oder abort() ist ein erneutes begin() möglich. Zum Beispiel:

```
d_Transaction t;
t.begin();
..... Objektänderungen
t.checkpoint();
..... Fehler entdeckt
t.abort();
t.begin();
..... anderer Weg
t.commit();
```

Wenn der Destruktor für ein Transaktionsobjekt aufgerufen wird, z.B. am Ende von dessen Geltungsbereich, und die Transaktion nicht beendet wurde, führt das ODBMS implizit ein abort() aus. Ohne diesen Destruktoraufruf ist das Ergebnis einer nicht beendeten Transaktion undefiniert. Es ist zu beachten, daß transiente Objekte im derzeitigen Standard nicht der Transaktionssemantik unterliegen, d.h. Änderungen transienter Objekte werden durch einen Abbruch der Transaktion mittels abort() nicht rückgängig gemacht. Wie bei d_Database ist auch bei d_Transaction das Kopieren von Transaktionen durch die private Spezifikation von Copy-Konstruktor und Zuweisungsoperator unterbunden.

Die Klasse d_Ref

Transiente und persistente Objekte können auf andere Objekte verweisen. Zum Verweis auf persistente Objekte verwendet man in der C++-OML d_Ref-Objekte. Auch transiente Objekte können so referenziert werden, wenn ihre Klasse persistenzfähig, also von d_Object abgeleitet ist.

d_Ref ist eine parametrisierte „Smart Pointer"-Klasse. Das heißt, ein d_Ref<T>-Objekt verhält sich ähnlich wie ein T-Zeiger; es gibt Konversionsmöglichkeiten in beide Richtungen und einen überladenen Pfeiloperator. Beim Dereferenzieren mit operator->() stellt das ODBMS fest, ob sich das referenzierte Objekt bereits im Adreßraum des Anwendungsprogramms befindet und lädt es anderenfalls aus der Datenbank. Als Funktionswert wird dann die Adresse des Objekts geliefert. Wenn eine Nullreferenz dereferenziert wird, oder beim Verfolgen eines Verweises auf ein Objekt, das nicht mehr existiert, wird eine Ausnahme des Typs d_Error_RefNull bzw. d_Error_RefInvalid ausgeworfen. Für Anwender verhalten sich Referenzen auf persistente Objekte nicht anders als Referenzen auf transiente Objekte. Die Klasse ist folgendermaßen definiert:

```
template<class T> class d_Ref {
public:
    d_Ref();
    d_Ref(T* fromPtr);
    d_Ref(const d_Ref<T>&);
    d_Ref(const d_Ref_Any&);
    virtual ~d_Ref();
    operator d_Ref_Any() const;
    d_Ref<T>& operator=(T*);
    d_Ref<T>& operator=(const d_Ref<T>&);
    d_Ref<T>& operator=(const d_Ref_Any&);
```

```
    void clear();
    T* operator->() const;
    T& operator*() const;
    T* ptr() const;
    void delete_object();
    operator const void*() const;
    d_Boolean operator!() const;
    d_Boolean is_null() const;
    friend d_Boolean operator==(const d_Ref<T>& L, const d_Ref<T>& R);
    friend d_Boolean operator==(const d_Ref<T>& L, const T* ptrR);
    friend d_Boolean operator==(const T* ptrL, const d_Ref<T>& R);
    friend d_Boolean operator==(const d_Ref<T>& L, const d_Ref_Any& R);
    friend d_Boolean operator==(const d_Ref_Any& L, const d_Ref<T>& R);
    friend d_Boolean operator!=(const d_Ref<T>& L, const d_Ref<T>& R);
    friend d_Boolean operator!=(const d_Ref<T>& L, const T* ptrR);
    friend d_Boolean operator!=(const T* ptrL, const d_Ref<T>& R);
    friend d_Boolean operator!=(const d_Ref<T>& L, const d_Ref_Any& R);
    friend d_Boolean operator!=(const d_Ref_Any& L, const d_Ref<T>& R);

    .....
};
```

d_Ref<T>-Objekte sind „kleine" transiente Objekte, die neben einem T-Zeiger noch verschiedene Flags, eine Klassen-ID, die OID usw. enthalten können. Sie werden über einen clear()-Aufruf zur Nullreferenz. Wie einen Zeiger auf T können wir ein d_Ref<T>-Objekt durch die Operatorfunktionen void*() bzw. !() mit „Null" vergleichen, durch die Operatoren -> und * dereferenzieren, mit dem Zuweisungsoperator = zuweisen usw. Wenn S Basisklasse von T ist, kann ein d_Ref<T>-Objekt auch einem d_Ref<S> zugewiesen werden. (Es ist zu erwarten, daß operator void*() bei zukünftigen Überarbeitungen des Standards zu operator d_Boolean() modifiziert wird.)

Die Gültigkeit von Zeigern oder Referenzen, die wir mittels ->, * oder ptr erhalten, endet, wenn die umgebende Transaktion beendet wird, wenn das referenzierte Objekt gelöscht wird oder wenn das d_Ref-Objekt gelöscht wird. Im letzten Fall wäre die weitere Verwendung des Zeigers oder der Referenz unsicher, weil der d_Ref-Destruktor das Objekt möglicherweise schon aus dem Hauptspeicher in die Datenbank oder einen Zwischenspeicher („Kill Buffer") transferiert. Auch nach dem Beenden einer Transaktion mittels commit() oder abort() sind die Werte aller d_Ref-Objekte undefiniert.

Zwei Beispiele

Jeglicher Zugriff auf persistente Objekte erfolgt über die Elementfunktionen der oben besprochenen Klassen d_Ref, d_Database und d_Object – und innerhalb von Transaktionen, also unter Verwendung eines d_Transaction-Objekts. Zwei Beispiele, die die C++-ODL-Definitionen für Beispiel 3 benutzen (siehe Abschnitt 4.3) sollen dies illustrieren:

```
// prog1-1.cpp
#include <kaffee.h>

int main() {
    d_Database db;
    db.open("kaffee");
    d_Transaction t;
    t.begin();
    d_Ref<Cafe> c1 = new(&db, "Cafe") Cafe("Walter", 6211020);
    db.set_object_name(c1, "Erstes Cafe");
    t.commit();
    db.close();
    return 0;
}
```

```
// prog1-2.cpp
#include <kaffee.h>
#include <iostream.h>

int main() {
    d_Database db;
    db.open("kaffee");
    d_Transaction t;
    t.begin();
    d_Ref<Cafe> rc = db.lookup_object("Erstes Cafe");
    if (rc)
        cout << "Cafe " << rc->name()
             << " Tel. " << rc->telNummer() << endl;
```

```
        t.commit();
        db.close();
        return 0;
}
```

Schon diese beiden sehr einfachen Beispiele, in denen ein persistentes Cafe-Objekt erzeugt und benannt wird (prog1-1) bzw. ein benanntes Objekt geladen und ausgegeben wird (prog1-2), zeigen, daß alle vier grundlegenden Klassen benötigt werden. Neben den Konstruktoren und Destruktoren werden hier die folgenden Elementfunktionen aufgerufen: d_Object::operator new(), d_Database::open(), d_Database::set_object_name(), d_Database::lookup_object(), d_Database::close(), d_Transaction::begin(), d_Transaction::commit(), d_Ref::operator=(), d_Ref::operator->() und d_Ref::operator const void*().

Konversionen mittels d_Ref_Any

Bis auf d_Transaction verfügen alle übrigen grundlegenden Klassen über Elementfunktionen, die d_Ref_Any-Objekte als Parameter oder Funktionswert haben. d_Ref_Any ist eine Klasse, die „generische" Referenzen auf beliebige persistenzfähige Klassen ermöglicht. Wie es der Name andeutet, kann jedes d_Ref-Objekt implizit in ein d_Ref_Any-Objekt umgewandelt werden. Und umgekehrt kann aus einem d_Ref_Any ein d_Ref konstruiert werden – siehe die Konstruktoren und Zuweisungsoperatoren in der Klasse d_Ref. Die Konversion d_Ref_Any nach d_Ref<T> setzt sinnvollerweise voraus, daß das d_Ref_Any-Objekt ein Objekt referenziert, das vom Typ T ist oder einen von T abgeleiteten Typ hat – ansonsten wird eine Ausnahme des Typs d_Error_TypeInvalid ausgeworfen. Die Klasse ist wie folgt definiert:

```
        d_Ref_Any {
        public:
            d_Ref_Any();
            d_Ref_Any(const d_Ref_Any&);
            d_Ref_Any(d_Object*);
            ~d_Ref_Any();
            d_Ref_Any& operator=(const d_Ref_Any&);
            d_Ref_Any& operator=(d_Object*);
            void clear();
            void delete_object();
```

```
operator const void*() const;
d_Boolean operator!() const;
d_Boolean is_null() const;
friend d_Boolean operator==(const d_Ref_Any&, const d_Ref_Any&);
friend d_Boolean operator==(const d_Ref_Any&, const d_Object*);
friend d_Boolean operator==(const d_Object*, const d_Ref_Any&);
friend d_Boolean operator!=(const d_Ref_Any&, const d_Ref_Any&);
friend d_Boolean operator!=(const d_Ref_Any&, const d_Object*);
friend d_Boolean operator!=(const d_Object*, const d_Ref_Any&);
.....
};
```

In prog1-1 wird beispielsweise das d_Ref<Cafe>-Objekt c1 beim set_object_name()-Aufruf in ein d_Ref_Any-Objekt umgewandelt. Dagegen wird in prog1-2 aus dem von lookup_object() gefundenen d_Ref_Any-Objekt ein d_Ref<Cafe> namens rc konstruiert.

4.4.2 Objekterzeugung

Objekte persistenzfähiger Klassen können in der C++-OML mit dem für die Klasse d_Object überladenen new-Operator (siehe S. 71) erzeugt werden. Wie üblich wird dabei ein Aufruf

```
new(a, b) T
```

vom Compiler implizit umgesetzt in

```
d_Object::new(sizeof(T), a, b)
```

das heißt, das erste Argument (size) muß nicht spezifiziert werden. Mit der ersten Definition von operator new() erzeugt man transiente Objekte, mit den beiden anderen Funktionen werden persistente Objekte erzeugt. Zum Beispiel:

```
/* 1 */    d_Ref<Kunde> kd1 = new Kunde;
/* 2 */    d_Ref<GiroKto> kto1 = new(zdb, "GiroKto") GiroKto;
/* 3 */    d_Ref<Kunde> kd2 = new(zdb, "Kunde") Kunde;
/* 4 */    d_Ref<GiroKto> kto2 = new(kto1, "GiroKto") GiroKto;
/* 5 */    d_Ref<Kunde> kd3 =
                   new(d_Database::transient_memory, "Kunde") Kunde;
```

Hier ist vorausgesetzt, daß zdb vom Typ Database* ist und daß die Datenbank bereits geöffnet wurde. Mit /* 2 */ wird ein persistentes GiroKto-Objekt und mit /* 3 */ ein persistentes Kunde-Objekt erzeugt; beide Objekte werden in der Datenbank angelegt, auf die zdb verweist.

Durch /* 4 */ wird ebenfalls ein persistentes GiroKto-Objekt angelegt, das möglichst „nahe bei" kto1 – also insbesondere in derselben Datenbank – gespeichert werden soll. Hier handelt es sich um die *Cluster*-Bildung von Objekten, von denen man weiß, daß Anwendungen häufig auf sie gemeinsam zugreifen müssen.

In den mit /* 1 */ und /* 5 */ markierten Zeilen wird jeweils ein transientes Kunde-Objekt erzeugt. transient_memory ist static Datenelement der Klasse d_Database und ermöglicht es, auch transiente Objekte in der für persistente Objekte benutzten Form zu erzeugen. Nach wie vor ist es auch möglich, transiente Objekte persistenzfähiger Klassen ohne new zu generieren, z.b. einfach mittels Kunde kd4;.

Bei den beiden letzten Definitionen von operator new() wird die Parameterliste durch einen const char*-Parameter abgeschlossen, dem als Argument der Klassen-name des zu erzeugenden Objekts zu übergeben ist. Wird new() für eine Klas-se aufgerufen, deren Schemainformation nicht in der spezifizierten Datenbank ab-gelegt ist bzw. nicht mit der Klassendefinition der Anwendung übereinstimmt, so wirft das ODBMS eine Ausnahme des Typs d_Error_DatabaseClassUndefined bzw. d_Error_DatabaseClassMismatch aus.

4.4.3 Objektmanipulation

Sofern der Zustand eines persistenten Objekts (also seine Attributwerte oder Objekt-verbindungen) innerhalb einer Transaktion verändert wird, muß dies dem ODBMS vor dem Transaktionsende durch einen Aufruf der Elementfunktion d_Object::mark_mo-dified() mitgeteilt werden. Da hierdurch eine Schreibsperre für das betroffene Objekt gesetzt wird, ist mark_modified() vor der Zustandsänderung aufzurufen. Der veränder-te Objektzustand ist dann nach dem Transaktionsende für alle Benutzer der Datenbank sichtbar. Zum Beispiel:

```
kd2->mark_modified();
kd2->bonitaet = 1;
```

Eine Reihe von Datenbanksystemen führt den mark_modified()-Aufruf bei Objekt-veränderungen automatisch durch. Um portable Programme zu erhalten, sollte er dennoch explizit in alle Anwendungen aufgenommen werden.

Der Aufruf ist nicht erforderlich, wenn Änderungen durch Elementfunktionen von ODMG-Klassen vorgenommen werden, weil er bereits in deren Funktionsrümpfen enthalten ist. Da jeweils d_Object() aufgerufen wird, sind alle Konstruktoraufrufe für persistente Objekte bereits markiert, und auch die Änderung von Collection-Objekten, z.B. mit insert_element(), remove_element() usw. ist ohne explizites mark_modified() sicher. Die Vergabe oder Änderung von Objektnamen muß ebenfalls nicht angezeigt werden, da Objektnamen nicht zum Objektzustand gehören, sondern eigenständig verwaltet werden.

4.4.4 Objektzerstörung

Objekte können durch einen Aufruf von d_Ref::delete_object() gelöscht werden. Auch der delete-Operator aus der Klasse d_Object kann zusammen mit einem C++-Zeiger auf ein Objekt eingesetzt werden. Zum Beispiel:

```
kd1.delete_object();
Kunde* zkd = kd2.ptr();
delete zkd;
```

Der für das Objekt reservierte Speicherplatz wird freigegeben. Und wenn es sich um ein persistentes Objekt handelt, wird es aus der Datenbank entfernt, sofern die Transaktion durch commit() abgeschlossen wird. Das d_Ref-Objekt oder der Zeiger werden nach dem Transaktionsende in der Regel noch existieren, ihr Wert ist aber undefiniert und der Versuch, sie zu dereferenzieren hat ein implementationsabhängiges Ergebnis, ist also nicht sinnvoll.

4.4.5 Attribute

Der Zugriff auf Attributwerte erfolgt in der C++-OML mittels üblicher C++-Zugriffs-funktionen oder, sofern es sich um public Datenelemente handelt, direkt. Die Modifi-kation eines Attributwertes ist gleichbedeutend mit der Modifikation des zugehörigen Objekts und muß dem ODBMS durch mark_modified() angezeigt werden.

In den Abschnitten 2.5.1, 3.4 und 4.2 wurde darauf hingewiesen, daß ein Objekt keine Teilobjekte mit eigener OID enthalten kann. Für die C++-OML bedeutet dies, daß von d_Object abgeleitete Klassen zwar als Typ eines Datenelements zulässig sind, daß in einer Anwendung aber keine d_Ref-Objekte zum Verweis auf derartige Teilobjekte eingesetzt werden können:

```
class X : public d_Object { ..... };

class Y : public d_Object {
public:
    X x;
    .....
};


Y y;
X* zx = &y.x;              // korrekt
d_Ref<X> rx = &y.x;        // Fehler
```

Die gleiche Einschränkung betrifft eingebettete Klassendefinitionen und den Versuch, Referenzen der Gestalt d_Ref<A::B> zu definieren.

Wie bei jedem anderen Datenelement wird ein Objekt durch die Änderung eines Teilobjekts modifiziert, und ein mark_modified()-Aufruf ist erforderlich.

4.4.6 Objektbeziehungen (1)

Unidirektionale Objektverbindungen haben wir in den Abschnitten 3.8 (für die ODL) und 4.2.1 (für die C++-ODL) behandelt. In der C++-Anbindung werden sie durch d_Ref<T>-, d_Set<d_Ref<T> >-, d_List<d_Ref<T> >- usw. Teilobjekte realisiert und mit den entsprechenden Elementfunktionen manipuliert. T muß eine persistenzfähige Klasse sein; es können aber persistente und transiente Objekte beliebig miteinander verbunden werden.

Für die C++-OML ist dabei lediglich die folgende *Grundregel* zu beachten: Ein Objekt kann immer auf ein anderes Objekt gleicher oder längerer Lebensdauer verweisen. Und umgekehrt kann ein Objekt auf ein anderes Objekt kürzerer Lebensdauer nur verweisen, solange letzteres existiert.

Weiterhin sei nochmals daran erinnert, daß durch einen commit()-Aufruf alle in einem persistenten Objekt enthaltenen d_Ref-Verweise auf transiente Objekte auf „Null" gesetzt werden. Das folgende Beispielprogramm benutzt die Klassendefinitionen von S. 63 und zeigt mit der Ausgabe des Textes an, daß die im persistenten **Fahrstrasse**-Objekt enthaltene Objektreferenz auf ein Zug-Objekt beim ersten Transaktionsende zur Nullreferenz geändert wird.

```
// prog2.cpp
#include .....
#include <iostream.h>

int main() {
    d_Database* zdb = new d_Database;
    zdb->open("DB");
    d_Transaction t;
    t.begin();
    d_Ref<Fahrstrasse> s1 = new(zdb, "Fahrstrasse") Fahrstrasse;   // persistent
    d_Ref<Zug> z1 = new Zug;                                       // transient
    s1->geschaltetFuer = z1;
    zdb->set_object_name(s1, "Strasse 1");
    t.commit();
    t.begin();
    s1 = zdb->lookup_object("Strasse 1");
    if (!s1->geschaltetFuer)
        cout << "Verbindung existiert nicht mehr" << endl;
    t.commit();
    zdb->close();
    delete zdb;
    return 0;
}
```

Für die Anwendung wichtiger sind bidirektionale Objektverbindungen, deren referentielle Integrität das ODBMS garantiert.

1-zu-1-Objektbeziehungen

Wie man 1-zu-1-Beziehungen in der ODL bzw. C++-ODL definiert, wurde in den Abschnitten 3.8 bzw. 4.2.1 besprochen. Zu Aufbau, Manipulation und Abbau von Objektverbindungen setzen wir die C++-OML ein.

Im folgenden Beispielprogramm greifen wir dabei auf die Beziehung zwischen Filialleiter- und Filiale-Objekten zurück, deren ODL-Schnittstellendefinitionen auf S. 48 angegeben sind. In den entsprechenden C++-ODL-Klassendefinitionen haben wir die Objektverbindung mit einem Paar von d_Rel_Ref-Datenelementen erzeugt (siehe S. 64):

```
class Filialleiter : public Person {
public:
    enum status { vorstand, handlung, kasse };
    status vollmacht;
    d_Rel_Ref<Filiale, _wirdGeleitet> leitet;
};


class Filiale : public virtual d_Object {
public:
    d_UShort nummer;
    Adresse anschrift;
    d_Rel_Ref<Filialleiter, _leitet> wirdGeleitet;
};
```

Die Klasse d_Rel_Ref ist eine parametrisierte Klasse, die folgendermaßen von der d_Ref-Klasse abgeleitet ist.

```
template<class Z, const char* W> class d_Rel_Ref : public d_Ref<Z> { ..... };
```

Für jeden Typ Z hat d_Rel_Ref<Z, W> also dieselbe public Schnittstelle wie die Klasse d_Ref<Z>. Objektverbindungen können daher mittels -> traversiert werden, mittels clear() gelöscht werden usw. Damit Objektverbindungen einfach gesetzt werden können, sind weiterhin die Zuweisung d_Rel_Ref& operator=(const d_Ref<Z>&) und der entsprechende Copy-Konstruktor definiert.

Vor Beginn unserer Anwendung implementieren wir zwei Funktionen, mit denen wir die Zustandsänderungen von Objekten untersuchen können. Diese Funktionen nimmt man sinnvollerweise in die Implementationsdatei auf, in der die Verbindungswegparameter _wirdGeleitet und _leitet definiert sind.

```
// C++-Implementation
.....
void zustand(const d_Ref<Filialleiter>& ltr) {
    cout << ltr->name << " leitet Filiale ";
    if (!ltr->leitet)
        cout << '-' << endl;
    else
        cout << ltr->leitet->nummer << endl;
}
```

```
void zustand(const d_Ref<Filiale>& fil) {
    cout << "Filiale " << fil->nummer << " wird geleitet von ";
    if (fil->wirdGeleitet.is_null())
        cout << '-' << endl;
    else
        cout << fil->wirdGeleitet->name << endl;
}
```

Hier werden die Verbindungswege bereits mehrmals mit dem Pfeiloperator verfolgt. Und weiterhin sind zwei Möglichkeiten gezeigt, mit denen man feststellen kann, ob eine Objektverbindung auf ein Objekt verweist oder eine Nullreferenz enthält. In der ersten Funktion wird operator !() benutzt, in der zweiten is_null().

Wenn man in einer Anwendung nun eine Verbindung von einem Filialleiter-Objekt zu einem Filiale-Objekt aufbaut (durchgezogener Pfeil in der folgenden Abbildung), z.B.

```
// prog3.cpp

.....

d_Ref<Filialleiter> ltr1 = new(&db, "Filialleiter") Filialleiter;      // Filialleiter 1
ltr1->name = "Sabine Kurz";
d_Ref<Filiale> fil1 = new(&db, "Filiale") Filiale;     // Filiale 1
fil1->nummer = 12;
ltr1->leitet = fil1;
zustand(ltr1);
zustand(fil1);

.....
```

so baut das ODBMS auch den inversen Verbindungsweg (gestrichelter Pfeil) auf. Die beiden zustand()-Aufrufe zeigen dies an.

Setzt man nun prog3 fort und löscht ausgehend von dieser Situation einen der Verbindungswege, so wird auch der inverse Verbindungsweg gelöscht. Zum Beispiel:

```
ltr1->leitet.clear();
zustand(ltr1);
zustand(fil1);
```

Geht man wieder von der oben abgebildeten Situation der zwei verbundenen Objekte aus und modifiziert die Objektverbindung auf einer Seite, z.B. durch

```
ltr1->leitet = fil1;    // Ausgangssituation wiederhergestellt
d_Ref<Filiale> fil2 = new(&db, "Filiale") Filiale;    // Filiale 2
fil2->nummer = 171;
ltr1->leitet = fil2;
zustand(ltr1);
zustand(fil1);
zustand(fil2);
.....
```

so wird auch hier wieder automatisch der inverse Verbindungsweg auf der anderen Seite gesetzt, wie es in der nächsten Abbildung gezeigt ist. Die Auflösung der Verbindung von Filiale 1 zu ihrer ehemaligen Leiterin wird ebenfalls vom ODBMS übernommen.

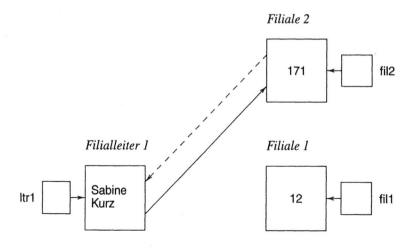

Wir gehen nun über zu zwei Objektverbindungen zwischen je einem Filialleiter und einer Filiale und setzen prog3 beispielsweise folgendermaßen fort:

```
ltr1->leitet = fil1;
d_Ref<Filialleiter> ltr2 = new(&db, "Filialleiter") Filialleiter;    // Filialleiter 2
ltr2->name = "Georg Altmeyer";
ltr2->leitet = fil2;
.....
```

Es sind dann die von ltr1 bzw. fil1 und die von ltr2 bzw. fil2 referenzierten Objekte miteinander verbunden. Die nächste Abbildung stellt diesen Sachverhalt dar.

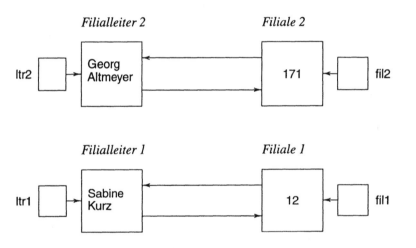

Führt man nun eine Zuweisung ltr1 = ltr2 durch, so ist zu beachten, daß damit die Inhalte der d_Ref-Objekte kopiert werden, nicht die der referenzierten Objekte. Nach

```
ltr1 = ltr2;
zustand(ltr1);
zustand(fil1);
zustand(ltr2);
zustand(fil2);
```

referenzieren somit ltr1 und ltr2 beide dasselbe Filialleiter-Objekt und die Leiterin von Filiale 1 kann nur noch über fil1 erreicht werden. In der folgenden Abbildung ist der jetzt erreichte Zustand aller Objekte gezeigt.

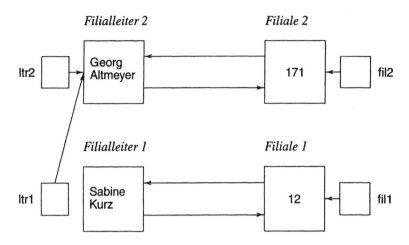

Löscht man ein Objekt, das an einer Objektbeziehung beteiligt ist, so werden alle Verbindungswege von und zu diesem Objekt ebenfalls gelöscht. Wenn wir prog3 zum Beispiel weiter fortsetzen:

```
fil2.delete_object();
zustand(ltr1);
zustand(ltr2);
```

so wird Filiale 2 zusammen mit beiden Verbindungswegen gelöscht und der Wert von fil2 ist undefiniert. Der Standard verlangt hier nicht, daß fil2 zur Nullreferenz wird. Es resultiert der nachstehend abgebildete Zustand.

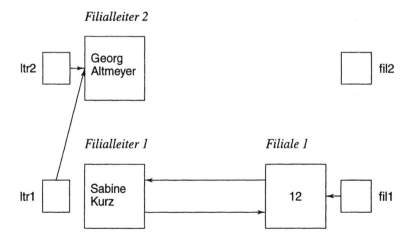

Zum Abschluß des Programms soll noch gezeigt werden, wie sich das Kopieren von Objekten auf die zwischen ihnen bestehenden Verbindungen auswirkt. Wir referenzieren mit ltr1 zunächst wieder die Leiterin von Filiale 1 (Sabine Kurz) und kopieren dann das Objekt *ltr1 in Objekt *ltr2.

```
ltr1 = fil1->wirdGeleitet;
ltr2->mark_modified();
*ltr2 = *ltr1;
zustand(ltr1);
zustand(fil1);
zustand(ltr2);
```

Damit erhält *ltr2 alle Attributwerte und alle Objektverbindungen von *ltr2. Das heißt, die Objektverbindung zwischen *ltr1 und *fil1 wird gelöst und durch eine Verbindung zwischen *ltr2 und *fil1 ersetzt. Die folgende Abbildung zeigt dieses Resultat.

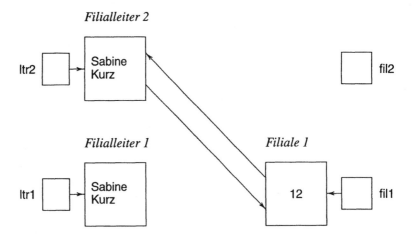

Es gibt viele Möglichkeiten, prog3 zu verbessern. Wenn man nach dem in Abschnitt 4.3 gezeigten Schema verfährt und die Datenelemente in den Klassendefinitionen private spezifiziert, also z.B.

```
class Filialleiter : public Person {
public:
    enum status { vorstand, handlung, kasse };
    Filialleiter(const d_String& = "", status = kasse);
```

```
    ~Filialleiter();
    void vollmacht(status v) { _vollmacht = v; }
    status vollmacht() const { return _vollmacht; }
    void leitet(const d_Ref<Filiale>& l) { _leitet = l; }
    const d_Ref<Filiale>& leitet() const { return _leitet; }
private:
    status _vollmacht;
    static const char _wirdGeleitet[];
    d_Rel_Ref<Filiale, _wirdGeleitet> _leitet;
};
```

so ergeben sich für das Anwendungsprogramm Änderungen bei der Manipulation der Objektverbindungen und beim Zugriff auf die übrigen Datenelemente. Beispielsweise wird man das Programm so beginnen:

```
.....
    d_Ref<Filialleiter> ltr1 = new(&db, "Filialleiter") Filialleiter("Sabine Kurz");
    d_Ref<Filiale> fil1 = new(&db, "Filiale") Filiale(12);
    ltr1->leitet(fil1);
```

Und beim Löschen des Verbindungswegs ist anstelle von clear() einfach ltr1->leitet(0); aufzurufen. (Manche C++-Compiler benötigen zur Template-Instanzierung an dieser Stelle eine explizite Konversion: ltr1->leitet(d_Ref<Filiale>(0)); oder ltr1->leitet(static_cast<Filiale*>(0));.) Ähnlich wird eine Anwendung zu entwickeln sein, die man auf den von einem ODL-Parser generierten Klassendefinitionen aufbaut.

Die in prog3 untersuchten Eigenschaften beim Verbindungsauf- und abbau sind unabhängig von der Persistenz der Objekte. Sofern man das Beispiel ausschließlich mit transienten Objekten implementieren will, kann man die Aufrufe des new-Operators durch new(d_Database::transient_memory, ...) ersetzen. Alternativ ist new auch ohne Argumente aufrufbar, also z.B. in der Form new Filialleiter("Sabine Kurz");. Im Anwendungsprogramm sind in beiden Fällen keine zusätzlichen Änderungen vorzunehmen.

Eine weitere Möglichkeit besteht in der Erzeugung transienter Objekte auf dem Stack und dem Verzicht auf die Verwendung von d_Ref-Objekten. Mit der ursprünglichen Klassendefinition (alle Klassenelemente public) verändert sich prog3 dann wie folgt:

```
.....
Filialleiter ltr1;
ltr1.name = "Sabine Kurz";
Filiale fil1;
fil1.nummer = 12;
ltr1.leitet = &fil1;
zustand(ltr1);
zustand(fil1);
ltr1.leitet.clear();
zustand(ltr1);
zustand(fil1);
.....
```

Die Objektzustände zeigt man jetzt mit zwei Funktionen des Typs

```
void zustand(const Filialleiter&);
void zustand(const Filiale&);
```

an, bei denen im Vergleich zur Definition von S. 86 lediglich beim Zugriff auf die
übergebenen Argumente der Pfeil- durch den Punktoperator ersetzt werden muß,
z.B. ltr.name, ltr.leitet und ltr.leitet->nummer. Für transiente Objekte werden keine
mark_modified()-Aufrufe benötigt. Ebenso entfällt der delete_object()-Aufruf, weil
wir nicht mit d_Ref-Verweisen arbeiten.

Schließlich können transiente und persistente Objekte gemeinsam in einem Anwendungsprogramm erzeugt und durch Objektbeziehungen verbunden werden. In diesem
Fall ist es zu empfehlen, transiente und persistente Objekte auf die gleiche Weise
mittels new zu erzeugen und über d_Ref-Objekte zu behandeln.

Bevor wir mit der Behandlung von 1-zu-n- bzw. m-zu-n-Beziehungen fortfahren
können, müssen die ODMG-Collection-Klassen behandelt werden.

4.4.7 Die ODMG-Collection-Klassen

Die ODMG-Collection-Klassen dienen zur Repräsentation von Mengen, Listen, Feldern usw. mit Elementen eines beliebigen Typs T. Es müssen zumindest eine abstrakte
Basisklasse d_Collection, die davon abgeleiteten Klassen d_Set, d_List, d_Bag und

d_Varray sowie eine d_Iterator-Klasse zum „Durchlaufen" eines Collection-Objekts unterstützt werden.

Dabei wird vorausgesetzt, daß ein Typ T, dessen Objekte in eine Collection aufgenommen werden sollen, in *kanonischer* Form definiert ist, d.h. daß die Klassendefinition zumindest das Folgende beinhaltet:

```
class T {
    friend d_Boolean operator==(const T&, const T&);
public:
    T();
    T(const T&);
    ~T();
    T& operator=(const T&);
    .....
};
```

Bis auf operator==() und operator=() wird ein ODL-Parser diese Elementfunktionen automatisch generieren können. Mit der obigen Klassendefinition ist sichergestellt, daß man Collection-Objekte sinnvoll initialisieren, zuweisen und miteinander vergleichen kann. Wenn Collection-Objekte initialisiert werden, zum Beispiel

```
d_Set<Kunde> s;
.....
d_Set<Kunde> r = s;
```

wird das Collection-Objekt s zusammen mit seinen Elementen kopiert, wobei für die einzelnen Kunde-Objekte in s der Copy-Konstruktor der Klasse Kunde aufgerufen wird. Entsprechend ist es möglich, durch einen geeignet benutzerdefinierten Zuweisungsoperator auch bei Zuweisungen tiefe Kopien anzufertigen.

Es ist jedoch zu beachten, daß d_Ref<S>-Objekte selbst immer nur flache Kopien der referenzierten Objekte liefern. Das heißt, es wird zwar ihr Inhalt (Zeiger, OID usw.) aber nicht das S-Objekt kopiert. Siehe hierzu auch die Zuweisung Itr1 = Itr2 der d_Ref<Filialleiter>-Objekte im Beispiel prog3.

Daraus ergibt sich, daß auch Collection-Objekte mit d_Ref-Elementen nur flach kopiert werden, da elementweise der d_Ref-Copy-Konstruktor bzw. -Zuweisungsoperator aufgerufen wird. Es werden also die Verweise, aber nicht die referenzierten Objekte kopiert. Zum Beispiel wird hier versucht, auf ein bereits gelöschtes Objekt zuzugreifen:

```
.....
d_Set<d_Ref<Kunde> > p = q;
q.remove_element(kd2);
kd2.delete_object();
cout << p << endl;                    // undefiniertes Verhalten
```

Sofern ein Feld oder eine Liste geordnet werden soll, ist noch ein Vergleichsoperator in der Form

```
friend d_Boolean operator<(const T&, const T&);
```

für die Klasse des in das Feld oder in die Liste aufzunehmenden Typs T zu definieren. Auch wenn der Standard für Collection-Objekte beliebige Elementtypen zuläßt, z.B. d_Set<d_UShort>, d_Set<d_Date> oder d_Set<Kunde>, verwalten manche Datenbanksysteme wegen der einfacheren Implementierung lediglich Collection-Objekte, die d_Ref-Objekte enthalten. Mengen, Listen oder Felder können dann keine Literale, sondern nur Verweise auf Objekte einer persistenzfähigen Klasse aufnehmen.

Die Klasse d_Collection

d_Collection ist eine abstrakte, parametrisierte Klasse. Sie ist von d_Object abgeleitet, damit durch konkrete, von d_Collection weiter abgeleitete Klassen eigenständige, persistente Objekte erzeugt werden können. Dies ist beispielsweise für die Speicherung von Extensionen wichtig.

```
template<class T> class d_Collection : public d_Object {
public:
    virtual ˜d_Collection();
    d_Collection<T>& assign_from(const d_Collection<T>&);
    friend d_Boolean operator==(const d_Collection<T>& L,
        const d_Collection<T>& R);
    friend d_Boolean operator!=(const d_Collection<T>& L,
        const d_Collection<T>& R);
    d_ULong cardinality() const;
    d_Boolean is_empty() const;
    d_Boolean is_ordered() const;
    d_Boolean allows_duplicates() const;
```

```
    d_Boolean contains_element(const T& elem) const;
    void insert_element(const T& elem);
    void remove_element(const T& elem);
    void remove_all();
    d_Iterator<T> create_iterator() const;
    d_Iterator<T> begin() const;
    d_Iterator<T> end() const;
    const T& select_element(const char* OQL_predicate) const;
    d_Iterator<T> select(const char* OQL_predicate) const;
    d_Boolean query(d_Collection<T>&, const char* OQL_predicate) const;
    d_Boolean exists_element(const char* OQL_predicate) const;
protected:
    d_Collection();
    d_Collection(const d_Collection<T>&);
    d_Collection<T>& operator=(const d_Collection<T>&);
    .....
};
```

Durch die protected Spezifizierung der Konstruktoren und des Zuweisungsoperators wird die Erzeugung von konkreten d_Collection-Objekten verhindert. In den Konstruktoren und im Zuweisungsoperator der abgeleiteten Klassen d_Set, d_List, d_Bag und d_Varray sind diese Elementfunktionen jedoch zugreifbar.

Wichtige Elementfunktionen, die d_Collection für die abgeleiteten Klassen bereitstellt, sind cardinality() und is_empty(), mit denen man die Kardinalität einer Collection feststellen kann, die Funktionen insert_element() und remove_element(), die man zum Einfügen bzw. Entfernen von Elementen benutzt sowie create_iterator(), begin() und end(), mit denen ein Iterator erzeugt werden kann (vgl. S. 102).

Die vier letzten Funktionen der public Schnittstelle dienen der Übergabe von OQL-Anfragen. Wir werden sie in Abschnitt 5.3.2 behandeln.

Die Klasse d_Set

Ein d_Set<T>-Objekt enthält Elemente des Typs T. Duplikate sind nicht möglich, und die Elemente sind nicht geordnet. Für jede der Mengenoperationen Vereinigung, Durchschnitt und Differenz stehen fünf Möglichkeiten zur Ermittlung des Resultats zur Verfügung – daher ergibt sich eine Fülle von Elementfunktionen:

```
template<class T> class d_Set : public d_Collection<T> {
public:
    d_Set();    // leere Menge
    d_Set(const d_Set<T>&);
    ~d_Set();
    d_Set<T>& operator=(const d_Set<T>&);
    d_Set<T>& union_of(const d_Set<T>& s1, const d_Set<T>& s2);
    d_Set<T>& union_with(const d_Set<T>& s2);
    d_Set<T>& operator+=(const d_Set<T>& s2);
    d_Set<T> create_union(const d_Set<T>& s2) const;
    friend d_Set<T> operator+(const d_Set<T>& s1, const d_Set<T>& s2);
    d_Set<T>& intersection_of(const d_Set<T>& s1, const d_Set<T>& s2);
    d_Set<T>& intersection_with(const d_Set<T>& s2);
    d_Set<T>& operator*=(const d_Set<T>& s2);
    d_Set<T> create_intersection(const d_Set<T>& s2) const;
    friend d_Set<T> operator*(const d_Set<T>& s1, const d_Set<T>& s2);
    d_Set<T>& difference_of(const d_Set<T>& s1, const d_Set<T>& s2);
    d_Set<T>& difference_with(const d_Set<T>& s2);
    d_Set<T>& operator-=(const d_Set<T>& s2);
    d_Set<T> create_difference(const d_Set<T>& s2) const;
    friend d_Set<T> operator-(const d_Set<T>& s1, const d_Set<T>& s2);
    d_Boolean is_subset_of(const d_Set<T>& s2) const;
    d_Boolean is_proper_subset_of(const d_Set<T>& s2) const;
    d_Boolean is_superset_of(const d_Set<T>& s2) const;
    d_Boolean is_proper_superset_of(const d_Set<T>& s2) const;
    .....
};
```

Sämtliche Funktionen aus der public Schnittstelle von d_Collection, zum Beispiel insert_element(), remove_element(), create_iterator() usw. werden an d_Set vererbt und dort gegebenenfalls geeignet überschrieben.

Sind x, y und z Mengen desselben Typs, so ergibt sich beim Vereinigen folgendes:

x.union_of(y, z)	liefert	$x = y \cup z$
x.union_with(y)	liefert	$x = x \cup y$
x += y	liefert	$x = x \cup y$
x.create_union(y)	liefert	$x \cup y$
x + y	liefert	$x \cup y$

Die beiden letzten Formen liefern ihr Resultat als Wert, die ersten drei als Referenz. Die Funktionen für die Durchschnitts- und Differenzbildung arbeiten analog. Ein Anwendungsprogramm sieht dann beispielsweise wie folgt aus:

```
// prog4-1.cpp

.....

d_Ref<Kunde> kd1 = new(&db, "Kunde") Kunde("Katja Mann");
d_Ref<Kunde> kd2 = new(&db, "Kunde") Kunde("Herbert Steiger");
d_Ref<Kunde> kd3 = new(&db, "Kunde") Kunde("Maria Langer");
d_Set<d_Ref<Kunde> > s1, s2, s3;
s1.insert_element(kd1);
s1.insert_element(kd2);        // s1 = { kd1, kd2 }
s2 = s1;                       // s2 = { kd1, kd2 }
s3 = s2 + s1;                  // s3 = { kd1, kd2 }
s1.insert_element(kd3);        // s1 = { kd1, kd2, kd3 }
if (!s3.is_subset_of(s1))
    cout << "Fehler" << endl;
s3 *= s1;                      // s3 = { kd1, kd2 }
s3 = s1 - s2;                  // s3 = { kd3 }

.....
```

Die Klasse d_Bag

Ein d_Bag<T>-Objekt enthält Elemente des Typs T. Die Elemente sind nicht geordnet; im Unterschied zu einem d_Set-Objekt sind jedoch Duplikate zulässig. Bis auf die Teilmengen- und Obermengen-Operatoren enthält d_Bag genau die Elementfunktionen der Klasse d_Set:

```
template<class T> class d_Bag : public d_Collection<T> {
public:
    d_Bag();      // leeres Bag-Objekt
    d_Bag(const d_Bag<T>&);
    ~d_Bag();
    d_Bag<T>& operator=(const d_Bag<T>&);
    d_Bag<T>& union_of(const d_Bag<T>& b1, const d_Bag<T>& b2);
    d_Bag<T>& union_with(const d_Bag<T>& b2);
```

```
        d_Bag<T>& operator+=(const d_Bag<T>& b2);
        d_Bag<T> create_union(const d_Bag<T>& b2) const;
        friend d_Bag<T> operator+(const d_Bag<T>& b1, const d_Bag<T>& b2);
        d_Bag<T>& intersection_of(const d_Bag<T>& b1, const d_Bag<T>& b2);
        d_Bag<T>& intersection_with(const d_Bag<T>& b2);
        d_Bag<T>& operator*=(const d_Bag<T>& b2);
        d_Bag<T> create_intersection(const d_Bag<T>& b2) const;
        friend d_Bag<T> operator*(const d_Bag<T>& b1, const d_Bag<T>& b2);
        d_Bag<T>& difference_of(const d_Bag<T>& b1, const d_Bag<T>& b2);
        d_Bag<T>& difference_with(const d_Bag<T>& b2);
        d_Bag<T>& operator-=(const d_Bag<T>& b2);
        d_Bag<T> create_difference(const d_Bag<T>& b2) const;
        friend d_Bag<T> operator-(const d_Bag<T>& b1, const d_Bag<T>& b2);
        .....
};
```

insert_element(x) fügt x in ein d_Bag-Objekt ein. Sofern x bereits Element des d_Bag-Objekts ist, wird es ein weiteres Mal eingefügt. remove_element(x) reduziert die Anzahl der in dem entsprechenden d_Bag-Objekt enthaltenen x-Elemente um eins. Vereinigung, Durchschnitt und Differenz arbeiten analog. Zum Beispiel:

```
// prog4-2.cpp

    .....
    d_Ref<Kunde> kd1 = new(&db, "Kunde") Kunde("Katja Mann");
    d_Ref<Kunde> kd2 = new(&db, "Kunde") Kunde("Herbert Steiger");
    d_Ref<Kunde> kd3 = new(&db, "Kunde") Kunde("Maria Langer");
    d_Bag<d_Ref<Kunde> > b1, b2, b3;
    b1.insert_element(kd1);
    b1.insert_element(kd2);        // b1 = < kd1, kd2 >
    b2 = b1 + b3;                  // b2 = < kd1, kd2 >
    b3 = b1 + b2;                  // b3 = < kd1, kd1, kd2, kd2 >
    b3.insert_element(kd3);        // b3 = < kd1, kd1, kd2, kd2, kd3 >
    b3 += b1;                      // b3 = < kd1, kd1, kd1, kd2, kd2, kd2, kd3 >
    b3 -= b2;                      // b3 = < kd1, kd1, kd2, kd2, kd3 >
    b2 = b3*b1;                    // b2 = < kd1, kd2 >
    .....
```

Für die Definition von Objektbeziehungen hat die Klasse d_Bag keine Bedeutung.

Die Klasse d_List

Ein d_List<T>-Objekt ist eine geordnete Sammlung von Elementen des Typs T. Duplikate sind zulässig. Das erste Listenelement hat, der C++-Konvention folgend, den Index 0.

```
template<class T> class d_List : public d_Collection<T> {
public:
    d_List();     // leere Liste
    d_List(const d_List<T>&);
    ~d_List();
    d_List<T>& operator=(const d_List<T>&);
    const T& retrieve_first_element() const;
    const T& retrieve_last_element() const;
    void remove_first_element();
    void remove_last_element();
    const T& operator[](d_ULong pos) const;
    const T& retrieve_element_at(d_ULong pos) const;
    d_Boolean find_element(const T& elem, d_ULong& pos) const;
    void remove_element_at(d_ULong pos);
    void replace_element_at(const T& elem, d_ULong pos);
    void insert_element_first(const T& elem);
    void insert_element_last(const T& elem);
    void insert_element_after(const T& elem, d_ULong pos);
    void insert_element_before(const T& elem, d_ULong pos);
    d_List<T> concat(const d_List<T>& l2) const;
    friend d_List<T> operator+(const d_List<T>& l1, const d_List<T>& l2);
    d_List<T>& append(const d_List<T>& l2);
    d_List<T>& operator+=(const d_List<T>& l2);
    .....
};
```

Die aus d_Collection geerbte Funktion insert_element() fügt ein neues Element am Ende der Liste ein. l1.concat(l2) und l1 + l2 fügen eine Liste l2 an das Ende von l1 an und liefern das Ergebnis als Funktionswert. l1.append(l2) und l1 += l2 fügen ebenso an und liefern als Funktionswert eine Referenz auf die veränderte Liste l1.

Der Indexoperator und retrieve_element_at() haben dieselbe Wirkung; sie liefern das Listenelement mit dem Index pos. Eine Anwendung hat beispielsweise folgende Gestalt:

```
// prog4-3.cpp

.....
d_Ref<Kunde> kd1 = new(&db, "Kunde") Kunde("Katja Mann");
d_Ref<Kunde> kd2 = new(&db, "Kunde") Kunde("Herbert Steiger");
d_Ref<Kunde> kd3 = new(&db, "Kunde") Kunde("Maria Langer");
d_Ref<Kunde> kd4 = new(&db, "Kunde") Kunde("Peter Pallaschke");
d_List<d_Ref<Kunde> > l1;
l1.insert_element(kd1);
l1.insert_element(kd2);
l1.insert_element(kd3);                    // l1 = [ kd1, kd2, kd3 ]
d_ULong pos;
d_Boolean gefunden = l1.find_element(kd3, pos);   // gefunden = true, pos = 2
l1.remove_first_element();
l1.remove_last_element();
l1.insert_element_last(kd3);
l1.insert_element(kd1);                    // l1 = [ kd2, kd3, kd1 ]
l1.replace_element_at(kd4, 2);            // l1 = [ kd2, kd3, kd4 ]
l1.insert_element_before(kd1, 0);        // l1 = [ kd1, kd2, kd3, kd4 ]
.....
```

Die Klasse d_Varray

Der in den Abschnitten 2.3.4 und 3.6.1 besprochene Feldtyp wird in der C++-Anbindung durch eine parametrisierte Klasse d_Varray<T> realisiert. Es handelt sich um ein eindimensionales Feld variabler Größe. Das erste Feldelement hat den Index 0.

```
template<class T> class d_Varray : public d_Collection<T> {
public:
    d_Varray();
    d_Varray(d_ULong size);
    d_Varray(const d_Varray<T>&);
```

```
‾d_Varray();
d_Varray<T>& operator=(const d_Varray<T>&);
d_ULong upper_bound() const;
void resize(d_ULong size);
const T& operator[](d_ULong index) const;
const T& retrieve_element_at(d_ULong index) const;
d_Boolean find_element(const T& elem, d_ULong& index) const;
void remove_element_at(d_ULong index);
void replace_element_at(const T& elem, d_ULong index);
.....
};
```

Durch den Standardkonstruktor wird ein Feld der Größe null erzeugt; mit dem zweiten Konstruktor kann die Feldgröße vorgegeben werden. Bis auf upper_bound() und resize() enthält die Klasse nur Elementfunktionen, die auch d_List bietet. Bei einem resize()-Aufruf wird ein existierendes Feld in ein Feld der neuen Größe kopiert. Die aus d_Collection geerbte Funktion insert_element() inkrementiert die aktuelle Feldgröße um eins und fügt das neue Element als letztes Feldelement ein. remove_element_at() entfernt das Feldelement an der bezeichneten Position, verschiebt die nachfolgenden Elemente und dekrementiert die Feldgröße. (Der Standard schreibt an dieser Stelle vor, an der bezeichneten Position eine geeignete „Null" einzufügen. In der Regel wird dennoch entfernt, verschoben und dekrementiert.)

Der Hauptunterschied zur Listenklasse ist, daß d_List Operationen zum Einfügen vor oder nach einer bestimmten Position und zur Manipulation des Listenkopfes kennt und daß bei der Liste keine explizite Änderung der Größe möglich ist. Je nach Implementation wird bei der Benutzung eines d_Varray der Zugriff mit dem Indexoperator schneller im Vergleich zu d_List sein. Und umgekehrt ist das Einfügen oder Entfernen eines Elements an einer bestimmten Position bei d_List effizienter implementierbar als bei d_Varray. Die Klasse d_Varray ist für die Anwendungsentwicklung interessant, spielt aber wie d_Bag bei der Definition von Objektbeziehungen keine Rolle. Im Beispiel sind durch den Standardkonstruktor erzeugte d_Ref-Objekte mit 0 dargestellt:

```
// prog4-4.cpp


.....

d_Ref<Kunde> kd1 = new(&db, "Kunde") Kunde("Katja Mann");
d_Ref<Kunde> kd2 = new(&db, "Kunde") Kunde("Herbert Steiger");
```

```
d_Ref<Kunde> kd3 = new(&db, "Kunde") Kunde("Maria Langer");
d_Ref<Kunde> kd4 = new(&db, "Kunde") Kunde("Peter Pallaschke");
d_Varray<d_Ref<Kunde> > a1;
a1.insert_element(kd1);
a1.insert_element(kd2);
a1.insert_element(kd3);                    // a1 = ( kd1, kd2, kd3 )
a1[1] = kd4;                               // a1 = ( kd1, kd4, kd3 )
a1.resize(5);                              // a1 = ( kd1, kd4, kd3, 0, 0 )
a1.remove_element_at(1);                   // a1 = ( kd1, kd3, 0, 0 )
.....
```

Die Klasse d_Iterator

Zum Zugriff auf die Elemente eines d_Collection<T>-Objekts – insbesondere bei d_Set<T>- und d_Bag<T>-Objekten, für die kein Indexoperator überladen ist – steht eine transiente Klasse d_Iterator<T> zur Verfügung. Die C++-Typprüfung stellt sicher, daß die Template-Argumente der Collection und des Iterators übereinstimmen.

Einen Iterator erzeugt man in der Regel mit der aus d_Collection geerbten Element-funktion create_iterator() oder durch Kopieren eines anderen Iterators per Konstruktoraufruf oder Zuweisung. Die Klasse ist wie folgt definiert:

```
template<class T> class d_Iterator {
public:
    d_Iterator();
    d_Iterator(const d_Iterator<T>&);
    ˜d_Iterator();
    d_Iterator<T>& operator=(const d_Iterator<T>&);
    friend d_Boolean operator==(const d_Iterator<T>&, const d_Iterator<T>&);
    friend d_Boolean operator!=(const d_Iterator<T>&, const d_Iterator<T>&);
    void reset();
    d_Boolean not_done() const;
    void advance();
    d_Iterator<T>& operator++();
    d_Iterator<T> operator++(int);
    d_Iterator<T>& operator--();
    d_Iterator<T> operator--(int);
    T& get_element() const;
```

```
    T& operator*() const;
    void replace_element(const T&);
    d_Boolean next(T& objRef);

    .....
};
```

Nach seiner Erzeugung durch create_iterator() verweist ein Iterator für geordnete Collection-Objekte auf deren erstes Element. Mittels reset() kann er zur erneuten Iteration über dasselbe Collection-Objekt zurückgesetzt werden.

not_done() liefert als Funktionswert true, wenn es weitere Elemente in der d_Collection gibt, die der Iterator noch nicht betrachtet hat; ansonsten wird false zurückgegeben. Zum Versetzen eines Iterators sind advance() und die Inkrement- und Dekrementoperatoren definiert. Bei geordneten Collection-Objekten wird der Iterator hiermit auf das Element mit dem nächstgrößeren oder -kleineren Index positioniert. d_List- und d_Varray-Objekte kann man daher in beiden Richtungen durchlaufen. Der Versuch, einen Iterator über das Ende oder den Anfang einer Collection hinaus zu bewegen, führt zum Auswerfen einer Ausnahme des Typs d_Error_IteratorExhausted-Fehlers.

Die Elementfunktion get_element() liefert jeweils das Collection-Element, auf das der Iterator aktuell verweist. Sie hat dieselbe Wirkung wie operator*(), der Inhalts-operator. replace_element() darf nur bei Listen oder Feldern eingesetzt werden. Nach Beendigung einer kompletten Iteration oder bei einem leeren Collection-Objekt wird von diesen drei Funktionen ebenfalls d_Error_IteratorExhausted ausgeworfen.

Mit der next()-Funktion kann man prüfen, ob eine Iteration beendet ist, auf das aktuelle Element zugreifen und den Iterator inkrementieren. Falls die Iteration beendet ist, liefert next() den Funktionswert false. Ansonsten verweist das T&-Argument auf das aktuelle Collection-Element, der Iterator wird inkrementiert, und als Funktionswert wird true zurückgegeben.

Es gibt drei Standardmuster, denen man beim Zugriff auf alle Elemente einer Collection immer wieder begegnet und die man beispielsweise einsetzen kann, um die Mengen, Listen und Felder aus prog4 auszugeben:

```
    d_Set<d_Ref<Kunde> > s1;

    .....
    // Muster 1

    d_Iterator<d_Ref<Kunde> > it = s1.create_iterator();
```

```
d_Ref<Kunde> rk;
while (it.next(rk))
    // Zugriff auf rk, z.B.
    cout << rk->name << " ";
```

```
// Muster 2

for (d_Iterator<d_Ref<Kunde> > it = s1.create_iterator(); it.not_done(); it++) {
    d_Ref<Kunde> rk = it.get_element();
    // Zugriff auf rk, z.B.
    cout << rk->name << " ";
}
```

```
// Muster 3

d_Iterator<d_Ref<Kunde> > ita = s1.begin(), itz = s1.end();
for ( ; ita != itz; ita++) {
    d_Ref<Kunde> rk = ita.get_element();
    // Zugriff auf rk, z.B.
    cout << rk->name << " ";
}
```

Wir sind nun in der Lage, die Funktion aenderung() für Beispiel 3 (siehe S. 69) zu definieren, wobei wir dafür sorgen, daß ein Gast pro Café höchstens eine Wertung vergibt:

```
void Gast::aenderung(const d_Ref<Wertung>& w) {
    if (_werte.cardinality() != 0) {
        d_Iterator<d_Ref<Wertung> > it = _werte.create_iterator();
        d_Ref<Wertung> v;
        while (it.next(v))
            if (v->cafe == w->cafe) {
                _werte.remove_element(v);
                v.delete_object();
```

```
            break;
        }
    }
    _werte.insert_element(w);
}
```

Nach der Behandlung der ODMG-Collection-Klassen, sind jetzt die für die Betrachtung der noch fehlenden „zu-n"-Beziehungen benötigten Grundlagen bekannt.

4.4.8 Objektbeziehungen (2)

1-zu-n-Objektbeziehungen

Die Syntax, mit der dieser Beziehungstyp in der ODL bzw. C++-ODL definiert wird, haben wir in den Abschnitten 3.8 bzw. 4.2.1 besprochen.

Möglichkeiten der Verbindungsmanipulation mit der C++-OML betrachten wir am Beispiel 1 und seiner 1-zu-n-Beziehung zwischen Filiale- und Konto-Objekten. Zur Verbindungsdefinition hatten wir auf der „n-Seite" ein d_Rel_List-Datenelement gewählt (siehe S. 66):

```
class Konto : public virtual d_Object {
public:
    .....
    static const char _fuehrt[];
    d_Rel_Ref<Filiale, _fuehrt> wirdGefuehrt;
};


class Filiale : public virtual d_Object {
public:
    .....
    static const char _leitet[];
    static const char _wirdGefuehrt[];
    d_Rel_Ref<Filialleiter, _leitet> wirdGeleitet;
    d_Rel_List<Konto, _wirdGefuehrt> fuehrt;
};
```

Mit der Klasse d_Rel_List ist es möglich, geordnete „zu-n"-Beziehungen zu spezifizieren. Sie hat eine Klassendefinition der Form:

```
template<class Z, const char* W>
    class d_Rel_List : public d_List<d_Ref<Z> > { ..... };
```

Durch diese Ableitung hat d_Rel_Ref<Z, W> für jeden Typ Z dieselbe public Schnitt-stelle wie die Klasse d_List<d_Ref<Z> >. Objektverbindungen können daher mit den d_Collection-Funktionen insert_element() und remove_element() auf- und abgebaut und mit sämtlichen Elementfunktionen der d_List-Klasse erzeugt, modifiziert und gelöscht werden.

Zur besseren Veranschaulichung der Objektverbindungen im nachfolgenden Beispiel definieren wir eine weitere Funktion zustand() für Konto-Objekte und erweitern die Anzeige der Filialen von S. 86, so daß auch alle geführten Konten ausgegeben werden.

```
void zustand(const d_Ref<Konto>& k) {
    cout << k->kontonummer << " wird gefuehrt bei Filiale ";
    if (!k->wirdGefuehrt)
        cout << '-' << endl;
    else
        cout << k->wirdGefuehrt->nummer << endl;
}

void zustand(const d_Ref<Filiale>& f) {
    ..... Filialleiter-Teil wie bisher
    cout << "Filiale " << f->nummer << " fuehrt Konten ";
    if (f->fuehrt.cardinality() == 0)
        cout << '-' << endl;
    else {
        d_Iterator<d_Ref<Konto> > it = f->fuehrt.create_iterator();
        d_Ref<Konto> rk;
        while (it.next(rk))
            cout << rk->kontonummer << '\t';
        cout << endl;
    }
}
```

In einer Anwendung seien bereits eine Filiale und zwei Konto-Objekte – referenziert durch fil1, kto1 und kto2 – erzeugt und miteinander verbunden, womit sich nach Eröffnung eines weiteren Kontos durch

```
// prog5.cpp

.....
d_Ref<Konto> kto3 = new(&db, "Konto") Konto;    // Konto 3
kto3->kontonummer = 661992;
zustand(fil1);
zustand(kto3);

.....
```

der in der nächsten Abbildung gezeigte Sachverhalt ergibt:

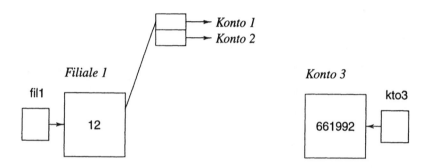

Wir setzen prog5 fort und verbinden Filiale 1 mit Konto 3, z.B. durch

```
fil1->fuehrt.insert_element(kto3);
zustand(fil1);
zustand(kto3);
```

(durchgezogener Pfeil in der folgenden Abbildung). Der inverse Verbindungsweg (gestrichelter Pfeil) wird dann vom ODBMS erzeugt. Diese Aktion wird durch den zweiten zustand()-Aufruf nachgewiesen.

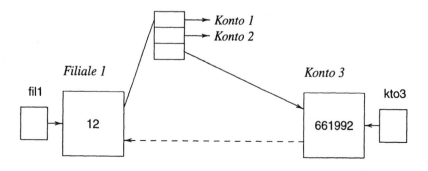

Denselben Effekt kann man auch mit kto3->wirdGefuehrt = fil1; erzielen. Auch in diesem Fall würde der inverse Verbindungsweg vom ODBMS generiert. Das Setzen beider Wege im Anwendungsprogramm ist überflüssig. Löschen wir nun ausgehend von der abgebildeten Situation einen der zuletzt aufgebauten Verbindungswege, zum Beispiel:

```
fil1->fuehrt.remove_element(kto3);
zustand(fil1);
zustand(kto3);
```

so wird auch hier wieder der inverse Verbindungsweg gelöscht. Alternativ kann man kto3->wirdGefuehrt.clear(); ausführen. In beiden Fällen wird der in der vorletzten Abbildung gezeigte Sachverhalt, bei dem Filiale 1 und Konto 3 nicht verbunden sind, wiederhergestellt.

Wir gehen schließlich von der zuletzt dargestellten Situation (Filiale 1 mit Konto 1, 2 und 3 verbunden) aus, erzeugen eine zweite Filiale und verbinden sie mit Konto 3:

```
.....
kto3->wirdGefuehrt = fil1;     // Ausgangssituation wiederhergestellt
d_Ref<Filiale> fil2 = new(&db, "Filiale") Filiale;     // Filiale 2
fil2->nummer = 171;
fil2->fuehrt.insert_element(kto3);
zustand(fil1);
zustand(fil2);
zustand(kto3);
```

Als Resultat ist auch umgekehrt Konto 3 mit Filiale 2 verbunden, und weiterhin wurde die Referenz auf Konto 3 aus der Liste der mit Filiale 1 verbundenen Konto-Objekte entfernt. Dieselbe Auswirkung erzielt die Anweisung kto3->wirdGefuehrt = fil2; – es werden jeweils die neuen inversen Verbindungswege gesetzt und die alten Verbindungen gelöscht. Die folgende Abbildung zeigt das Ergebnis:

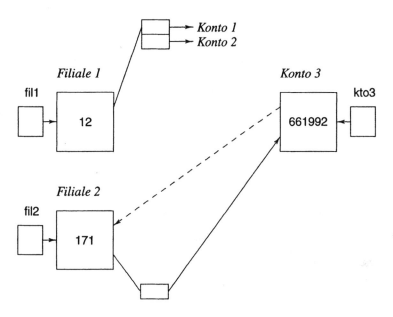

m-zu-n-Objektbeziehungen

Um derartige Verbindungen zu definieren, sind in die Definitionen der beiden beteiligten Klassen Collection-Typen als Verbindungsziele aufzunehmen. Die entsprechende ODL- bzw. C++-ODL-Syntax wurde in den Abschnitten 3.8 bzw. 4.2.1 besprochen. Wir greifen nochmals Beispiel 1 auf und untersuchen die m-zu-n-Beziehung zwischen Kunde- und Konto-Objekten. Auf S. 67 hatten wir folgende C++-ODL-Definition gewählt:

```
class Konto : public virtual d_Object {
public:
    .....
    static const char _istInhaber[];
    d_Rel_Set<Kunde, _istInhaber> istKto;
};

class Kunde : public Person {
public:
    d_UShort bonitaet;
    static const char _istKto[];
    d_Rel_List<Konto, _istKto> istInhaber;
};
```

Die in der Konto-Klasse eingesetzte Klasse d_Rel_Set ist die letzte neben d_Rel_Ref
und d_Rel_List zur Verbindungsdefinition verwendbare Klasse. Sie hat die Gestalt

```
template<class Z, const char* W>
    class d_Rel_Set : public d_Set<d_Ref<Z> > { ..... };
```

und bietet daher für jeden Typ Z dieselbe public Schnittstelle wie d_Set<d_Ref<Z> >.
Weitere Klassen, etwa d_Rel_Bag oder d_Rel_Varray, sind im Standard nicht definiert. Eine Klasse d_Rel_Bag wird nicht benötigt, da eine Verbindung zwischen
zwei Objekten entweder existiert oder nicht, also nicht mehrfach „parallel" aufgebaut
werden kann. Und mit d_Rel_List stehen bereits alle Manipulationsmöglichkeiten zur
Verfügung, die d_Rel_Varray bieten könnte; ein resize()-Aufruf erscheint in diesem
Zusammenhang kaum sinnvoll.

Im folgenden wird vorausgesetzt, daß die Funktion zustand(const d_Ref<Konto>&)
so erweitert wurde, daß auch alle Inhaber ausgegeben werden und daß weiterhin eine
passende Version für Referenzen auf Objekte der Klasse Kunde definiert ist.

Zu Beginn der weiteren Untersuchungen seien bereits drei Kunde-Objekte (referenziert durch kd1, kd2 und kd3) sowie drei Konto-Objekte (referenziert durch kto1, kto2
und kto3) erzeugt. Kunde 1 ist Inhaber eines Kontos (Konto 1), Konto 3 hat zwei
Kunden (Kunde 2 und Kunde 3) als Inhaber. Diese Ausgangslage zeigt die nächste
Abbildung:

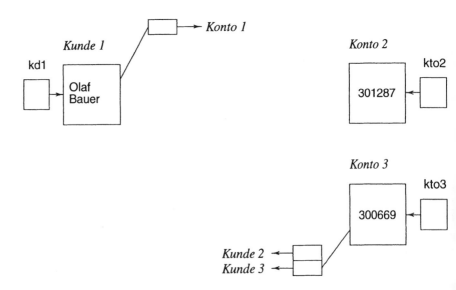

Verbindet man nun Kunde 1 und Konto 3, beispielsweise durch

```
// prog6.cpp

.....
kd1->istInhaber.insert_element(kto3);
```

so wird kto3 in die „istInhaber-Liste" von kd1 aufgenommen. Gleichzeitig wird auch kd1 in die „istKto-Menge" von kto3 eingefügt:

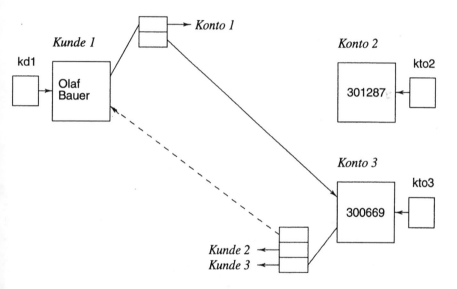

Alternativ hätte man beide Verbindungswege auch durch die Anweisung kto3->istKto.insert_element(kd1); setzen können. Die Ausgangssituation der vorletzten Abbildung (Kunde 1 und Konto 3 nicht verbunden) kann mittels einer der beiden Anweisungen kd1->istInhaber.remove_element(kto3); oder kto3->istKto.remove_element(kd1); wiederhergestellt werden.

Wir setzen prog6 weiter fort, indem Konto 2, das bisher keine Inhaber hatte, mit Kunde 3 verbunden wird:

```
kto2->istKto.insert_element(kd3);
zustand(kd1);
zustand(kto1);
zustand(kd2);
.....
```

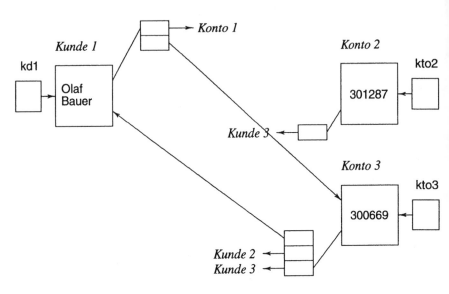

Ausgehend von oben abgebildeten Objektzuständen ersetzt die Anweisung

kd1->istInhaber.replace_element_at(kto2, 1);

jetzt das zweite Element (mit Index 1) in der „istInhaber-Liste" von kd1 durch eine Referenz auf Konto 2. Gleichzeitig wird damit die Verbindung Konto 3–Kunde 1 unterbrochen und die Verbindung Konto 2–Kunde 1 aufgebaut, so daß die Integrität der Beziehungen gewahrt bleibt. Die folgende Abbildung demonstriert den neuen Systemzustand.

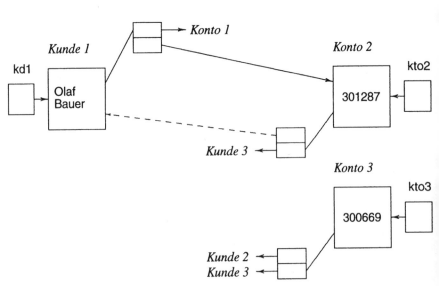

Dasselbe Ergebnis kann man durch Veränderung der anderen Seite der Beziehung nur mit zwei Anweisungen: kto3->istKto.remove_element(kd1); und kto2->istKto.insert_element(kd1); erzielen.

Bemerkungen

1. Bei den letzten Beispielen wurden die insgesamt vorliegenden Objektverbindungen zum Teil stark vereinfacht dargestellt. Alle d_Ref-Pfeile enden an einem Objekt, und zu ihnen gehört ein inverser Verbindungsweg.

2. Ebenso wurde des öfteren sehr vereinfacht formuliert. Zum Beispiel muß es oben korrekt heißen: Gleichzeitig wird damit die Verbindung zwischen den von kto3 und kd1 referenzierten Objekten unterbrochen und die Verbindung zwischen den von kto2 und kd1 referenzierten Objekten aufgebaut, so daß ... (Konto 1, Konto 2, Kunde 1 usw. sind keine Objektbezeichner, sondern wurden lediglich zur Veranschaulichung der Beispiele an die Objekte geschrieben.)

4.4.9 Methoden

Methoden, die in der ODL oder C++-ODL deklariert wurden, werden in der C++-OML unter Verwendung von Standard-C++ implementiert. Methodendefinitionen für persistenzfähige Klassen unterscheiden sich nicht von denen für transiente Klassen. Auch beim Überladen, beim Aufruf, der Übergabe von Argumenten, der Rückgabe von Funktionswerten und der Behandlung von Ausnahmen gibt es keinerlei Unterschiede.

Im Beispielprogramm prog7 wird gezeigt, wie man die virtuellen Funktionen d_activate() und d_deactivate(), die jede persistenzfähige Klasse von der Basisklasse d_Object erbt, überschreiben kann. d_activate() wird aufgerufen, wenn ein Objekt aus seiner Datenbank gelesen wird, und d_deactivate() wird aufgerufen, wenn es wieder gespeichert wird. Beide Aufrufe erfolgen implizit, also direkt durch das ODBMS.

Wir betrachten wieder eine Klasse Konto und unterstellen, daß jedes Konto-Objekt, wenn es geladen wird, seinen Zustand in einem dann zu öffnenden Fenster darstellen soll. Eine Einfachst-Implementation benutzt z.B. folgende Klassendefinitionen:

```
// C++-Header
struct Window {
    void update(d_ULong, d_Double);
    .....
};
```

```
class Konto : public d_Object {
public:
    Konto(d_ULong = 0, d_Double = 0.0);
    virtual ~Konto();
    void kontonummer(d_ULong);
    d_ULong kontonummer() const;
    void kontostand(d_Double);
    d_Double kontostand() const;
    void d_activate();
    void d_deactivate();
private:
    d_ULong _kontonummer;
    d_Double _kontostand;
    Window* _zWin;
    .....
};
```

Die Verbindung von einem Konto zu seinem Anzeigefenster wird im Konstruktor
bzw. durch d_activate() erzeugt und im Destruktor bzw. durch d_deactivate() wieder
unterbrochen.

```
// C++-Implementation

Konto::Konto(d_ULong n, d_Double s) {
    _kontonummer = n;
    _kontostand = s;
    _zWin = new Window;
    _zWin->update(_kontonummer, _kontostand);
}


Konto::~Konto() { delete _zWin; }


void Konto::kontostand(d_Double s) {
    _kontostand = s;
    _zWin->update(_kontonummer, _kontostand);
}


d_Double Konto::kontostand() const { return _kontostand; }
```

```
void Konto::d_activate() {
    _zWin = new Window;
    _zWin->update(_kontonummer, _kontostand);
}

void Konto::d_deactivate() { delete _zWin; }

void Window::update(d_ULong n, d_Double s) {
    cout << "\n================================="
        << "\nKonto Nummer " << n << "\nKontostand   " << s
        << "\n=================================" << endl;
}
```

Die Klasse Window ist nicht persistenzfähig. Ihre Objekte werden in der Anwendung auf dem Heap angelegt und zerstört, wenn das zugehörige Konto in die Datenbank ausgelagert wird.

prog7 besteht aus drei eigenständigen Programmen. In prog7-1 wird ein persistentes Konto-Objekt erzeugt und benannt. Dieses Objekt wird von prog7-2 wieder gelesen und modifiziert. prog7-3 löscht das Objekt schließlich aus der Datenbank.

```
// prog7-1.cpp
.....
trans.begin();
d_Ref<Konto> kto1 = new(&db, "Konto") Konto(301662, 2730.0);
db.set_object_name(kto1, "Konto 1");
trans.commit();
.....


// prog7-2.cpp
.....
trans.begin();
d_Ref<Konto> rk = db.lookup_object("Konto 1");
rk->mark_modified();
d_Double x = rk->kontostand();
rk->kontostand(x + 1000.10);
trans.commit();
.....
```

```
// prog7-3.cpp
.....
trans.begin();
d_Ref<Konto> rk = db.lookup_object("Konto 1");
rk.delete_object();
trans.commit();
.....
```

Während prog7-1 und prog7-3 nur genau einmal ohne eine Ausnahme auszuwerfen laufen, kann prog7-2 beliebig wiederholt werden. Das korrekte Zusammenspiel von Konstruktor, d_activate(), d_deactivate() und Destruktor kann man weiter veranschaulichen, wenn man in diese Methoden noch eine Anweisung zur Ausgabe der in _zWin gespeicherten Adresse aufnimmt.

4.4.10   Klassen zur Behandlung strukturierter Literale

In diesem Abschnitt werden die von der C++-OML bereitgestellten Klassen zur Erzeugung der strukturierten Literale aus Abschnitt 2.4.2 behandelt. Es stehen vier Klassen zur Verfügung, die nicht persistenzfähig sind, deren Objekte also nur als Teilobjekte innerhalb von anderen Objekten in die Datenbank aufgenommen werden können.

Die Klasse d_Date

In Objekten der Klasse d_Date werden Datumsangaben in der Form Jahr, Monat, Tag gespeichert. Neben verschiedenen Konstruktoren, Zuweisungsoperatoren und den Zugriffsfunktionen auf die einzelnen Datumskomponenten sind unter anderem relationale Operatoren und Gleichheitsoperatoren definiert. Weiterhin gibt es Funktionen, mit denen die Anzahl der Tage eines Monats oder eines Jahres ermittelt werden können.

Die Funktionen next() und previous() verändern das in einem d_Date-Objekt gespeicherte Datum auf das Datum des nächsten bzw. letzten spezifizierten Wochentags. Die static Elementfunktion current() liefert das aktuelle Datum. In der Weekday-Aufzählung hat der Sonntag den Wert 0 und nicht 7.

```
class d_Date {
public:
    enum Weekday {
        Sunday = 0, Monday = 1, Tuesday = 2, Wednesday = 3,
        Thursday = 4, Friday = 5, Saturday = 6
    };
    enum Month {
        January = 1, Febuary = 2, March = 3, April = 4, May = 5,
        June = 6, July = 7, August = 8, September = 9, October =10,
        November = 11, December = 12
    };
    d_Date();
    d_Date(d_UShort year, d_UShort day_of_year);
    d_Date(d_UShort year, d_UShort month, d_UShort day);
    d_Date(const d_Date&);
    d_Date(const d_Timestamp&);
    d_Date& operator=(const d_Date&);
    d_Date& operator=(const d_Timestamp&);
    d_UShort year() const;
    d_UShort month() const;
    d_UShort day() const;
    d_UShort day_of_year() const;
    Weekday day_of_week() const;
    Month month_of_year() const;
    d_Boolean is_leap_year() const;
    static d_Boolean is_leap_year(d_UShort year);
    static d_Date current();
    d_Date& next(Weekday);
    d_Date& previous(Weekday);
    d_Date& operator+=(const d_Interval&);
    d_Date& operator+=(d_Long ndays);
    d_Date& operator++();
    d_Date operator++(int);
    d_Date& operator-=(const d_Interval&);
    d_Date& operator-=(d_Long ndays);
    d_Date& operator--();
    d_Date operator--(int);
```

```
friend d_Date operator+(const d_Date& L, const d_Interval& R);
friend d_Date operator+(const d_Interval& L, const d_Date& R);
friend d_Date operator-(const d_Date& L, const d_Interval& R);
friend d_Boolean operator==(const d_Date& L, const d_Date& R);
friend d_Boolean operator!=(const d_Date& L, const d_Date& R);
friend d_Boolean operator<(const d_Date& L, const d_Date& R);
friend d_Boolean operator<=(const d_Date& L, const d_Date& R);
friend d_Boolean operator>(const d_Date& L, const d_Date& R);
friend d_Boolean operator>=(const d_Date& L, const d_Date& R);
d_Boolean is_between(const d_Date& s, const d_Date& e) const;
friend d_Boolean overlaps(const d_Date& sL, const d_Date& eL,
      const d_Date& sR, const d_Date& eR);
friend d_Boolean overlaps(const d_Timestamp& sL, const d_Timestamp& eL,
      const d_Date& sR, const d_Date& eR);
friend d_Boolean overlaps(const d_Date& sL, const d_Date& eL,
      const d_Timestamp& sR, const d_Timestamp& eR);
static d_Long days_in_year(d_UShort year);
d_UShort days_in_year() const;
static d_Long days_in_month(d_UShort year, d_UShort month);
d_UShort days_in_month() const;
static d_Boolean is_valid_date(d_UShort year, d_UShort month,
      d_UShort day);
.....
};
```

Der Standardkonstruktor setzt das Datum auf current(). Ein Versuch, das Datum auf einen ungültigen Wert zu setzen – z.B. d_Date d(1950, 50, 50); –, führt zum Auswerfen einer Ausnahme des Typs d_Error_DateInvalid.

Die Präfix-Inkrement- und Dekrementoperatoren, operator+=(), operator-=(), next() und previous() verändern das Datum und liefern eine Referenz auf das jeweilige Objekt als Funktionswert.

Mit der Elementfunktion is_between() kann man feststellen, ob das gespeicherte Datum in eine bestimmte Zeitperiode fällt, die mit einem Startdatum s beginnt und einem Enddatum e endet. overlaps() hat zwei Zeitperioden – beide charakterisiert durch ein Start- und ein Enddatum – als Argumente und stellt fest, ob sich diese überlappen.

In einer einfachen Anwendung kann man d_Date-Objekte beispielsweise wie folgt einsetzen. (drucke() benötigt die Header-Datei iomanip.h.)

```cpp
// prog8.cpp

void drucke(const d_Date& d) {
    cout << setw(2) << setfill(' ') << d.day() << '.'
        << setw(2) << setfill('0') << d.month() << '.' << d.year();
}

int main() {
    d_Date a;
    cout << "Heute ist der ";
    drucke(a);
    cout << "\nDer " << a.day_of_year() << "-te Tag des Jahres";
    cout << "\nMorgen ist der ";
    drucke(++a);
    a.next(d_Date::Thursday);
    cout << "\nNaechsten Donnerstag ist der ";
    drucke(a);
    d_Date b = d_Date(1995, 12, 25);
    if (a <= b)
        cout << "\nFehler" << endl;
    return 0;
}
```

Die Klasse d_Time

In d_Time-Objekten werden Zeitangaben in der Form Stunde, Minute, Sekunde gespeichert. Für die Klasse sind neben Konstruktoren, Zuweisungsoperatoren und Zugriffsfunktionen wieder viele Operatorfunktionen, z.B. +, -, ==, !=, <, <= usw. definiert.

Intern werden Zeitangaben in GMT („Greenwich Mean Time") gespeichert. Spezifische Zeitzonen kann man mittels set_default_Time_Zone() bzw. set_default_Time_Zone_to_local() einstellen. Ein Time_Zone-Enumerator GMT2 bedeutet beispielsweise, daß die lokale Zeit zwei Stunden später als GMT (also GMT+2) ist. Analog steht GMT_2 für einen Zeitpunkt zwei Stunden vor GMT (also für GMT−2).

```
class d_Time {
public:
    enum Time_Zone {
        GMT = 0, GMT12 = 12, GMT_12 = -12,
        GMT1 = 1, GMT_1 = -1, GMT2 = 2, GMT_2 = -2, GMT3 = 3, GMT_3 = -3,
        GMT4 = 4, GMT_4 = -4, GMT5 = 5, GMT_5 = -5, GMT6 = 6, GMT_6 = -6,
        GMT7 = 7, GMT_7 = -7, GMT8 = 8, GMT_8 = -8, GMT9 = 9, GMT_9 = -9,
        GMT10 = 10, GMT_10= -10, GMT11 = 11, GMT_11= -11,
        USeastern = -5, UScentral = -6, USmountain = -7, USpacific = -8
    };
    static void set_default_Time_Zone(Time_Zone);
    static void set_default_Time_Zone_to_local();
    d_Time();
    d_Time(d_UShort hour, d_UShort minute, d_Float sec);
    d_Time(d_UShort hour, d_UShort minute, d_Float sec,
        d_Short tzhour, d_Short tzminute);
    d_Time(const d_Time&);
    d_Time(const d_Timestamp&);
    d_Time& operator=(const d_Time&);
    d_Time& operator=(const d_Timestamp&);
    d_UShort hour() const;
    d_UShort minute() const;
    d_Float second() const;
    d_Short tz_hour() const;
    d_Short tz_minute() const;
    static d_Time current();
    d_Time& operator+=(const d_Interval&);
    d_Time& operator-=(const d_Interval&);
    friend d_Time operator+(const d_Time& L, const d_Interval& R);
    friend d_Time operator+(const d_Interval& L, const d_Time& R);
    friend d_Interval operator-(const d_Time& L, const d_Time& R);
    friend d_Time operator-(const d_Time& L, const d_Interval& R);
    friend d_Boolean operator==(const d_Time& L, const d_Time& R);
    friend d_Boolean operator!=(const d_Time& L, const d_Time& R);
    friend d_Boolean operator<(const d_Time& L, const d_Time& R);
    friend d_Boolean operator<=(const d_Time& L, const d_Time& R);
    friend d_Boolean operator>(const d_Time& L, const d_Time& R);
```

```
    friend d_Boolean operator>=(const d_Time& L, const d_Time& R);
    friend d_Boolean overlaps(const d_Time& sL, const d_Time& eL,
        const d_Time& sR, const d_Time& eR);
    friend d_Boolean overlaps(const d_Timestamp& sL, const d_Timestamp& eL,
        const d_Time& sR, const d_Time& eR);
    friend d_Boolean overlaps(const d_Time& sL, const d_Time& eL,
        const d_Timestamp& sR, const d_Timestamp& eR);
    .....
};
```

Die static Elementfunktion current() liefert die aktuelle Uhrzeit; sie wird auch vom Standardkonstruktor aufgerufen.

Die Additionsoperatoren + und - berechnen alle Stunden modulo 24 (siehe prog11). Beim Versuch, ein d_Time-Objekt auf eine unzulässige Zeit zu setzen – z.B. d_Time t(25, 0, 0.0); –, wird eine Ausnahme des Typs d_Error_TimeInvalid ausgeworfen. d_Time::overlaps() arbeitet analog zu d_Date::overlaps(), wobei jetzt jeweils zwei Start- und Endzeitpunkte ausgewertet werden. Die Addition der Funktionswerte tz_hour() und tz_minute() zu GMT liefert die lokale Zeitangabe.

Ein einfaches Anwendungsprogramm sieht zum Beispiel folgendermaßen aus:

```
// prog9.cpp

void drucke(const d_Time& t) {
    cout << setw(2) << setfill(' ') << t.hour() << ':'
         << setw(2) << setfill('0') << t.minute() << ':'
         << setw(6) << setfill('0') << setprecision(3)
         << setiosflags(ios::fixed|ios::showpoint) << t.second();
}


int main() {
    d_Time::set_default_Time_Zone_to_local();
    d_Time a;
    cout << "Es ist jetzt ";
    drucke(a);
    sleep(10);
    d_Time b, c(23, 59, 50.0f);
    cout << " Uhr\n10 Sekunden spaeter ist es ";
```

```
    drucke(b);
    cout << " Uhr" << endl;
    if (a > b && a < c)
        cout << "Fehler" << endl;
    return 0;
}
```

Die Klasse d_Timestamp

Auch in d_Timestamp-Objekten speichert man Zeitpunkte; sie enthalten je ein d_Date- und ein d_Time-Teilobjekt. Die Klasse verfügt neben den Zugriffsfunktionen auf die einzelnen Komponenten wieder über Konstruktoren, Konversionsfunktionen und die üblichen Zuweisungs-, Vergleichs- und Additionsoperatoren. Der Standardkonstruktor initialisiert ein d_Timestamp-Objekt mit dem aktuellen Datum und der aktuellen Zeit, die auch von der static Funktion current() geliefert werden. Es sind verschiedene friend-Funktionen d_Timestamp::overlaps() definiert.

```
class d_Timestamp {
public:
    d_Timestamp();
    d_Timestamp(d_UShort year, d_UShort month = 1, d_UShort day = 1,
        d_UShort hour = 0, d_UShort minute = 0, d_Float sec = 0.0);
    d_Timestamp(const d_Date&);
    d_Timestamp(const d_Date&, const d_Time&);
    d_Timestamp(const d_Timestamp&);
    d_Timestamp& operator=(const d_Timestamp&);
    d_Timestamp& operator=(const d_Date&);
    const d_Date& date() const;
    const d_Time& time() const;
    d_UShort year() const;
    d_UShort month() const;
    d_UShort day() const;
    d_UShort hour() const;
    d_UShort minute() const;
    d_Float second() const;
    d_Short tz_hour() const;
    d_Short tz_minute() const;
```

```
        static d_Timestamp current();
        d_Timestamp& operator+=(const d_Interval&);
        d_Timestamp& operator-=(const d_Interval&);
        friend d_Timestamp operator+(const d_Timestamp&, const d_Interval&);
        friend d_Timestamp operator+(const d_Interval&, const d_Timestamp&);
        friend d_Timestamp operator-(const d_Timestamp&, const d_Interval&);
        friend d_Boolean operator==(const d_Timestamp&, const d_Timestamp&);
        friend d_Boolean operator!=(const d_Timestamp&, const d_Timestamp&);
        friend d_Boolean operator<(const d_Timestamp&, const d_Timestamp&);
        friend d_Boolean operator<=(const d_Timestamp&, const d_Timestamp&);
        friend d_Boolean operator>(const d_Timestamp&, const d_Timestamp&);
        friend d_Boolean operator>=(const d_Timestamp&, const d_Timestamp&);
        friend d_Boolean overlaps(const d_Timestamp& sL, const d_Timestamp& eL,
            const d_Timestamp& sR, const d_Timestamp& eR);
        friend d_Boolean overlaps(const d_Timestamp& sL, const d_Timestamp& eL,
            const d_Date& sR, const d_Date& eR);
        friend d_Boolean overlaps(const d_Date& sL, const d_Date& eL,
            const d_Timestamp& sR, const d_Timestamp& eR);
        friend d_Boolean overlaps(const d_Timestamp& sL, const d_Timestamp& eL,
            const d_Time& sR, const d_Time& eR);
        friend d_Boolean overlaps(const d_Time& sL, const d_Time& eL,
            const d_Timestamp& sR, const d_Timestamp& eR);
        .....
};
```

Wenn ein d_Timestamp-Objekt mit ungültigem Datum oder ungültiger Zeitangabe konstruiert werden soll, wirft das System eine d_Error_TimestampInvalid-Ausnahme aus.

Eine Beispielanwendung, in der die d_Date- und d_Time-Teilobjekte eines d_Timestamp-Objekts mit den Funktionen aus prog8 und prog9 ausgegeben werden, zeigt prog10.

```
// prog10.cpp

void drucke(const d_Date&);
void drucke(const d_Time&);
```

```
int main() {
    d_Timestamp a;
    cout << "Heute ist der ";
    drucke(a.date());
    cout << "\nEs ist jetzt ";
    drucke(a.time());
    cout << " Uhr" << endl;
    d_Timestamp b(1955, 10, 15, 10, 0, 0.0f);
    if (a == b)
        cout << "Fehler" << endl;
    return 0;
}
```

Die Klasse d_Interval

Mit d_Date-, d_Time- und d_Timestamp-Objekten kann man Zeitpunkte abbilden.
Die d_Interval-Klasse wird dagegen benutzt, um Zeitdauern, gemessen in Tagen,
Stunden, Minuten und Sekunden, darzustellen. Neben den üblichen Konstruktoren,
Zugriffsfunktionen und einem Zuweisungsoperator stehen Operatorfunktionen (*, /)
zum Verlängern oder Verkürzen eines Intervalls zur Verfügung.

```
class d_Interval {
public:
    d_Interval(d_Long day = 0, d_Long hour = 0, d_Long minute = 0,
        d_Float second = 0.0);
    d_Interval(const d_Interval&);
    d_Interval& operator=(const d_Interval&);
    d_Long day() const;
    d_Long hour() const;
    d_Long minute() const;
    d_Float second() const;
    d_Boolean is_zero() const;
    d_Interval& operator+=(const d_Interval&);
    d_Interval& operator-=(const d_Interval&);
    d_Interval& operator*=(d_Long);
    d_Interval& operator/=(d_Long);
```

```
    d_Interval operator-() const;
    friend d_Interval operator+(const d_Interval& L, const d_Interval& R);
    friend d_Interval operator-(const d_Interval& L, const d_Interval& R);
    friend d_Interval operator*(const d_Interval& L, int R);
    friend d_Interval operator*(d_Long L, const d_Interval& R);
    friend d_Interval operator/(const d_Interval& L, d_Long R);
    friend d_Boolean operator==(const d_Interval& L, const d_Interval& R);
    friend d_Boolean operator!=(const d_Interval& L, const d_Interval& R);
    friend d_Boolean operator<(const d_Interval& L, const d_Interval& R);
    friend d_Boolean operator<=(const d_Interval& L, const d_Interval& R);
    friend d_Boolean operator>(const d_Interval& L, const d_Interval& R);
    friend d_Boolean operator>=(const d_Interval& L, const d_Interval& R);
    .....
};
```

d_Interval-Objekte können über die additiven Operatoren + und - sowie += und -= mit d_Date-, d_Time- und d_Timestamp-Objekten verknüpft werden. Resultat ist jeweils das d_Date-, d_Time- bzw. d_Timestamp-Objekt. Die entsprechenden Operator-funktionen findet man in den Klassendefinitionen der Zeit- und Datumsklassen. Ein Beispiel für die Verknüpfung „Zeitpunkt + Zeitdauer = neuer Zeitpunkt" zeigt prog11.

```
// prog11.cpp

void drucke(const d_Date&);
void drucke(const d_Time&);

void drucke(const d_Timestamp& ts) {
    drucke(ts.date());
    cout << ' ';
    drucke(ts.time());
}

void drucke(const d_Interval& i) {
    cout << i.day() << " Tage " << i.hour() << " Stunden " << i.minute()
        << " Minuten und " << setw(6) << setfill('0') << setprecision(3)
        << setiosflags(ios::fixed|ios::showpoint) << i.second()
        << " Sekunden";
}
```

```
int main() {
    d_Timestamp a(1997, 10, 15, 22, 5, 0.0f);
    cout << "Geplanter Ankunftszeitpunkt ";
    drucke(a);
    d_Interval b(0, 2, 10, 0.0f);
    cout << "\nVerspaetung ";
    drucke(b);
    cout << "\nNeuer Ankunftszeitpunkt     ";
    drucke(a + b);
    cout << endl;
    return 0;
}
```

4.4.11 Transaktionsmanagement

ODMG-Transaktionen genügen dem in Abschnitt 2.7 erwähnten *ACID*-Prizip. Das heißt, sie haben die Eigenschaft, atomar, konsistent, isoliert und dauerhaft zu sein. In diesem Abschnitt werden einige Beispiele vorgestellt, mit denen man die Einhaltung der genannten Eigenschaften nachprüfen kann.

Atomare Transaktionen

Die Wirkung aller zwischen dem begin()- und einem commit()-, checkpoint()- oder abort()-Aufruf für dasselbe d_Transaction()-Objekt stehenden Anweisungen wird nach deren erfolgreichem Abschluß durch commit() in ihrer Gesamtheit für die Benutzer der Datenbank sichtbar. Oder sie hinterlassen – beim Auswerfen eines Fehlers bzw. wenn vorgesehene Zustandsänderungen nicht wie geplant durchführbar waren und die Transaktion mittels abort() abgebrochen wird – keinerlei Auswirkungen in der Datenbank. „Zwischenzustände" nach Bearbeitung eines Teils der zu einer Transaktion gehörenden Anweisungen sind für andere Transaktionen nicht sichtbar; eine Transaktion wird entweder vollständig oder überhaupt nicht ausgeführt und ist in diesem Sinne eine atomare Verarbeitungseinheit.

Als Beispiel betrachten wir die Produktionsanlage eines Kosmetikherstellers, in der Produkte nach bestimmten Rezepturen in einer Mischanlage herzustellen sind. Die benötigten Rohstoffe befinden sich in den Tanks eines Vorratslagers. Wir gehen von den folgenden stark vereinfachten Klassendefinitionen aus.

```
class Bestandteil : public d_Object {
public:
    .....
    d_String name;
    d_ULong menge;
};


class Rezeptur : public d_Object {
public:
    .....
    d_String name;
    d_Interval mischzeit;
    d_Set<d_Ref<Bestandteil> > bestandteile;
};


class Vorratstank : public d_Object {
public:
    .....
    d_String name;
    d_ULong menge;
};


class Vorratslager : public d_Object {
public:
    .....
    d_Set<d_Ref<Vorratstank> > tanks;
};


class Produktion : public d_Object {
public:
    .....
    d_String bezeichnung;
    d_Date datum;
    d_Time beginn;
    d_Ref<Rezeptur> rezept;
};
```

Im Beispielprogramm prog12 wird nun innerhalb einer Transaktion geprüft, ob die
für die Produktion einer bestimmten Rezeptur benötigten Vorräte vorhanden sind.

```cpp
// prog12.cpp

d_Boolean bestandteilOK(d_Ref<Bestandteil> b, d_Ref<Vorratslager> l) {
    d_ULong menge = b->menge;
    d_Iterator<d_Ref<Vorratstank> > it = l->tanks.create_iterator();
    d_Ref<Vorratstank> v;
    while (it.next(v)) {
        if (menge == 0) break;
        if (b->name == v->name)
            if (menge <= v->menge) {
                v->mark_modified();
                v->menge -= menge;
                menge = 0;
            }
            else {
                v->mark_modified();
                menge -= v->menge;
                v->menge = 0;
            }
    }
    return menge == 0;
}

d_Boolean produktionOK(d_Ref<Rezeptur> r, d_Ref<Vorratslager> l) {
    d_Boolean prodOK = true;
    d_Iterator<d_Ref<Bestandteil> > it = r->bestandteile.create_iterator();
    d_Ref<Bestandteil> b;
    while (it.next(b))
        if (!bestandteilOK(b, l)) {
            prodOK = false;
            break;
        }
    return prodOK;
}
```

```
int main() {
    d_Database db;
    db.open("produktion");
    d_Transaction t;
    t.begin();
    d_Ref<Rezeptur> r = db.lookup_object("Rezeptur 1");
    d_Ref<Vorratslager> l = db.lookup_object("Lager 1");
    if (produktionOK(r, l)) {
        d_Ref<Produktion> p = new(&db, "Produktion")
            Produktion("Produkt 1", r);
        // ..... Produktion-Objekt in Produktionsplanung aufnehmen
        t.commit();
    }
    else
        t.abort();
    db.close();
    return 0;
}
```

Falls die Vorräte nicht ausreichen, wird die Transaktion abgebrochen. Im Erfolgsfall wird ein Produktion-Objekt erzeugt, das in einen Produktionsplan aufgenommen wird, der dann die erforderlichen Produktionsvorgänge auslöst. Hier ist vorausgesetzt, daß die Datenbank bereits Rezepturen, Bestandteile, Lager und Vorratstanks enthält. Die in bestandteilOK() vorgenommenen Änderungen an einem Tankinhalt sind als vorläufig anzusehen, da sie nur durch das commit() dauerhaft gemacht werden.

Zu beachten ist, daß sich die Transaktionssemantik nur auf persistente Objekte bezieht. Ruft man im Beispiel die Funktion bestandteilOK() für transiente Objekte auf, so werden die Inhaltsänderungen durch ein nachfolgendes abort() nicht zurückgesetzt.

Konsistenz

Eine Datenbank ist *konsistent*, wenn ihr Inhalt mit den Definitionen im Objektmodell der Anwendung, also der in der ODL oder C++-ODL formulierten Beschreibung des Problembereichs übereinstimmt und die gespeicherten Daten widerspruchsfrei (logisch korrekt) sind.

In bezug auf den letzten Punkt können *Konsistenzbedingungen* oder *Integritätsbedingungen* zur Sicherstellung und Überprüfung der Konsistenz formuliert werden.

Da ein ODMG-Datenbanksystem nichts über seine Anwendungen, also die Semantik der in seinen Datenbanken gespeicherten Daten weiß, müssen derartige Bedingungen problemspezifisch in den Anwendungsprogrammen formuliert und geprüft werden. Dies ist beispielsweise durch die Aufnahme von Vorbedingungen oder den Test von Klasseninvarianten in kritischen Methodenaufrufen möglich. Eine Vorbedingung ist eine Elementfunktion, deren Aufruf als erste Anweisung in den Rumpf einer Methode aufgenommen wird und prüft, ob diese Methode, in Abhängigkeit vom aktuellen Objektzustand und den übergebenen Argumenten, Konsistenzbedingungen verletzt. Sie bietet gegebenenfalls eine Reihe von Möglichkeiten zur Fehlerbeseitigung, bis hin zum Nichtausführen der Methode, an. Auf ähnliche Weise kann man mit einer Klasseninvariante sicherstellen, daß alle Instanzen einer Klasse bestimmten Bedingungen genügen. Die Implementation von Invarianten setzt daher die Verwaltung der Klassenextension voraus (vgl. hierzu prog13).

Der Beitrag des ODBS besteht im Rücksetzen von Zustandsänderungen bei gescheiterten Transaktionen und in der Einhaltung des Objektschemas – siehe die Beispiele zum Setzen und Löschen von Verbindungswegen in den Abschnitten 4.4.6 und 4.4.8. Auf diese Weise hinterläßt eine Transaktion eine Datenbank immer in einem konsistenten Zustand, sofern diese zu Beginn der Transaktion konsistent war.

Isolierte Transaktionen

Jede Transaktion läuft isoliert von anderen Transaktionen, ohne gegenseitige Beeinflussung, ab. Das Ergebnis der Transaktionen mehrerer gleichzeitig arbeitender Benutzer muß so aussehen, als seien alle Transaktionen seriell ausgeführt worden. Wir betrachten das folgende, leicht modifizierte klassische Beispiel:

Eine Datenbank enthält zwei Count-Objekte c1, c2, die mit der Klassendefinition

```
class Count : public d_Object {
public:
    .....
    d_Long count;
    static d_Boolean invariante();
    static d_Ref<d_Set<d_Ref<Count> > > extension;
};
```

erzeugt wurden. Als Konsistenzbedingung soll durch die static Elementfunktion invariante() gewährleistet werden, daß die Summe aller existierenden Count-Inhalte null ist. prog13 besteht aus drei eigenständigen Programmen.

In prog13-1 erzeugen wir die beiden Count-Objekte c1 und c2 mit den Startwerten -1 und 1 und tragen sie, mit einem Namen versehen, in der Datenbank ein:

```
// prog13-1.cpp
.....
t.begin();
Count::extension = db.lookup_object("Counts");
if (!Count::extension) {
    Count::extension =
        new(&db, "d_Set<d_Ref<Count> >") d_Set<d_Ref<Count> >;
    db.set_object_name(Count::extension, "Counts");
}
d_Ref<Count> c1 = new(&db, "Count") Count(-1);
d_Ref<Count> c2 = new(&db, "Count") Count(1);
db.set_object_name(c1, "Count 1");
db.set_object_name(c2, "Count 2");
if (!Count::invariante())
    cout << "Konsistenzbedingung verletzt" << endl;
t.commit();
.....
```

Startet man die beiden folgenden Transaktionen t1 und t2 aus prog13-2 bzw. prog13-3 „gleichzeitig":

```
// prog13-2.cpp
.....
t1.begin();
Count::extension = db.lookup_object("Counts");
sleep(5);      // oder _sleep(5) oder _sleep(5000)
d_Ref<Count> c1 = db.lookup_object("Count 1");
c1->mark_modified();
c1->count--;
sleep(15);
d_Ref<Count> c2 = db.lookup_object("Count 2");
c2->mark_modified();
c2->count++;
sleep(5);
```

```
if (!Count::invariante())
    cout << "Konsistenzbedingung verletzt" << endl;
t1.commit();

.....
```

```
// prog13-3.cpp

.....

t2.begin();
Count::extension = db.lookup_object("Counts");
sleep(10);
d_Ref<Count> c1 = db.lookup_object("Count 1");
c1->mark_modified();
c1->count *= 2;
sleep(5);
d_Ref<Count> c2 = db.lookup_object("Count 2");
c2->mark_modified();
c2->count *= 2;
sleep(10);
if (!Count::invariante())
    cout << "Konsistenzbedingung verletzt" << endl;
t2.commit();

.....
```

so ergäbe sich bei nicht isoliertem Verlauf die in Abbildung 4.1 gezeigte Änderung des Datenbankzustands und – obwohl jede einzelne Transaktion die Konsistenzbedingung einhält – ein inkonsistenter Datenbankinhalt. Die Count-Klasseninvariante ist hier folgendermaßen definiert:

```
d_Boolean Count::invariante() {
    d_Long summe = 0;
    d_Iterator<d_Ref<Count> > iter = Count::extension->create_iterator();
    d_Ref<Count> c;
    while (iter.next(c))
        summe += c->count;
    return summe == 0;
}
```

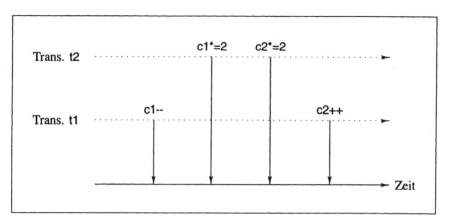

Abbildung 4.1: Zwei verzahnte Transaktionen

Dauerhafte Transaktionen

Die Wirkungen einer erfolgreich beendeten Transaktion (commit() oder checkpoint() ausgeführt) sind in der Datenbank persistent eingetragen, auch wenn Soft- oder Hardware-Fehler auftreten und sich diese Wirkungen auf Objekte beziehen, die sich zum Fehlerzeitpunkt noch nicht im Sekundärspeicher befinden.

Zum Test könnte man einen Fehler simulieren, indem man in prog13-3 nach dem commit()-Aufruf für Transaktion t2 noch die Anweisungen

```
cout << "10 Sek. Zeit zur Fehlersimulation ..." << flush;
sleep(10);
```

einfügt und das Programm nach der letzten Ausgabe unterbricht. Haben c1 und c2 zu Beginn von t2 die Werte -20 und 20, so müssen nach dem „Fehler" und seiner Behebung -40 bzw. 40 in der Datenbank eingetragen sein.

4.5 C++-OML-Beispiel

Zum Abschluß diese Kapitels greifen wir die Klassendefinitionen und die Implementation der Elementfunktionen für Beispiel 3 auf (siehe Abschnitt 4.3) auf und implementieren ein vollständiges Programm in der C++-OML.

Eine Implementation der Funktion Gast::aenderung() wurde auf Seite 104 gegeben.

```cpp
#include <kaffee.h>
#include <iostream.h>

d_Database db;

void gast(d_Ref<d_Varray<d_Ref<Gast> > >& gaeste,
        d_Ref<d_Varray<d_Ref<Cafe> > >& cafes) {
    cout << "Name: " << flush;
    d_Char n[100];
    cin.getline(n, 100);
    cout << "Alter: ";
    d_UShort a;
    cin >> a;
    d_Ref<Gast> gast = new(&db, "Gast") Gast(n, a);
    gaeste->mark_modified();
    gaeste->insert_element(gast);
}

void cafe(d_Ref<d_Varray<d_Ref<Gast> > >& gaeste,
        d_Ref<d_Varray<d_Ref<Cafe> > >& cafes) {
    cout << "Name: " << flush;
    d_Char n[100];
    cin.getline(n, 100);
    cout << "Tel.: ";
    d_ULong tel;
    cin >> tel;
    d_Ref<Cafe> cafe = new(&db, "Cafe") Cafe(n, tel);
    cafes->mark_modified();
    cafes->insert_element(cafe);
}

void zeigeGaeste(d_Ref<d_Varray<d_Ref<Gast> > >& gaeste) {
    cout << "\nAlle Gaeste\n===========" << endl;
    for (d_ULong nr = 0; nr < gaeste->cardinality(); nr++)
        cout << "Gast " << nr + 1 << " :\t" << (*gaeste)[nr]->name() << '\t'
            << (*gaeste)[nr]->alter() << endl;
}
```

```
void zeigeCafes(d_Ref<d_Varray<d_Ref<Cafe> > >& cafes) {
    cout << "\nAlle Cafes\n==========" << endl;
    for (d_ULong nr = 0; nr < cafes->cardinality(); nr++)
        cout << "Cafe " << nr + 1 << " :\t" << (*cafes)[nr]->name() << '\t'
            << (*cafes)[nr]->telNummer() << endl;
}


d_ULong waehleGast(d_Ref<d_Varray<d_Ref<Gast> > >& gaeste) {
    zeigeGaeste(gaeste);
    cout << "\nWelcher Gast? ";
    d_ULong g;
    cin >> g;
    return g - 1;
}


d_ULong waehleCafe(d_Ref<d_Varray<d_Ref<Cafe> > >& cafes) {
    zeigeCafes(cafes);
    cout << "\nWelches Cafe? ";
    d_ULong c;
    cin >> c;
    return c - 1;
}


void vorzug(d_Ref<d_Varray<d_Ref<Gast> > >& gaeste,
        d_Ref<d_Varray<d_Ref<Cafe> > >& cafes) {
    d_ULong g = waehleGast(gaeste);
    d_ULong c = waehleCafe(cafes);
    (*gaeste)[g]->mark_modified();
    (*gaeste)[g]->bevorzugt((*cafes)[c]);
}


void wertung(d_Ref<d_Varray<d_Ref<Gast> > >& gaeste,
        d_Ref<d_Varray<d_Ref<Cafe> > >& cafes) {
    d_ULong g = waehleGast(gaeste);
    d_ULong c = waehleCafe(cafes);
    cout << "\nAnzahl der Punkte? ";
    d_UShort p;
```

```
        cin >> p;
        d_Ref<Wertung> w = new(&db, "Wertung") Wertung((*cafes)[c], p);
        (*gaeste)[g]->mark_modified();
        (*gaeste)[g]->aenderung(w);
}

void anzeige(d_Ref<d_Varray<d_Ref<Gast> > >& gaeste,
        d_Ref<d_Varray<d_Ref<Cafe> > >& cafes) {
    zeigeCafes(cafes);
    cout << "\nGaeste und ihre Wertungen"
            "\n=========================" << endl;
    for (d_ULong nr = 0; nr < gaeste->cardinality(); nr++) {
        d_Ref<Gast> gast = (*gaeste)[nr];
        cout << gast->name() << ' ' << gast->alter() << '\n';
        d_Iterator<d_Ref<Wertung> > it = gast->werte().create_iterator();
        d_Ref<Wertung> wertung;
        while (it.next(wertung))
            cout << '\t' << wertung->cafe->name()
                << '\t' << wertung->punkte << endl;
    }
}

void dummy(d_Ref<d_Varray<d_Ref<Gast> > >&,
    d_Ref<d_Varray<d_Ref<Cafe> > >&) {
}

int main() {
    void (*funktion[6])(d_Ref<d_Varray<d_Ref<Gast> > >&,
            d_Ref<d_Varray<d_Ref<Cafe> > >&) = {
        dummy, gast, cafe, vorzug, wertung, anzeige
    };
    try {
        db.open("kaffee");
        for (;;) {
            d_UShort i;
            do {
                cout << "\n0: Ende\n1: Gast eintragen\n2: Cafe eintragen"
```

```
                    "\n3: Bevorzugtes Cafe\n4: Wertung abgeben"
                    "\n5: DB-Inhalt anzeigen\n: " << flush;
            cin >> i;
            cin.get();
        } while (i < 0 || i > 5);
        if (i == 0)
            break;
        d_Transaction t;
        t.begin();
        d_Ref<d_Varray<d_Ref<Gast> > > gaeste =
            db.lookup_object("Gaeste");
        if (!gaeste) {
            gaeste = new(&db, "d_Varray<d_Ref<Gast> >")
                d_Varray<d_Ref<Gast> >;
            db.set_object_name(gaeste, "Gaeste");
        }
        d_Ref<d_Varray<d_Ref<Cafe> > > cafes =
            db.lookup_object("Cafes");
        if (!cafes) {
            cafes = new(&db, "d_Varray<d_Ref<Cafe> >")
                d_Varray<d_Ref<Cafe> >;
            db.set_object_name(cafes, "Cafes");
        }
        funktion[i](gaeste, cafes);
        t.commit();
    }
}
catch(d_Error& d_error) {
    cout << "\nODMG-Fehler: " << d_error.get_kind()
        << "\nBeschreibung: " << d_error.what() << endl;
}
db.close();
return 0;
}
```

4.6 Übungsaufgaben

1. Machen Sie sich den Unterschied zwischen den Definitionen

   ```
   const char* a = "ODMG"; const char* b = "ODMG";
   const char x[] = "ODMG"; const char y[] = "ODMG";
   ```

   klar. Testen Sie, ob Ihr C++-System mit a und b dieselbe oder zwei verschiedene Zeichenketten referenziert. Zum Beispiel:

   ```
   cout << reinterpret_cast<unsigned int>(a) << ' '
        << reinterpret_cast<unsigned int>(b) << endl;
   ```

2. Fertigen Sie eine vollständige Version der in Abschnitt 4.2.1 begonnenen C++-ODL-Spezifikation für die Klassen von Beispiel 1 an.

3. Übertragen Sie die ODL-Spezifikation von Beispiel 2 (siehe Abbildung 2.5 und Abschnitt 3.11) in C++-ODL. Implementieren Sie alle Klassen persistenzfähig und mit private gekapselten Datenelementen.

4. Überprüfen Sie die Herleitungen des letzten Abschnitts anhand von einigen kleinen Test-Anwendungen. Benutzen Sie die von Ihnen für Beispiel 2 entwickelten Klassendefinitionen und bauen Sie verschiedene Objektbeziehungen auf und ab.

5. Schreiben Sie eine Funktion drucke(const d_Collection<d_Ref<Kunde> >&), mit der man sämtliche Collection-Objekte von prog4 ausgeben kann. Sichern Sie sich gegen das Dereferenzieren von Nullreferenzen ab.

6. Ersetzen Sie die zustand()-Funktionen aus den Abschnitten 4.4.6 und 4.4.8 durch Überladen des Ausgabeoperators <<. Nehmen Sie operator<<() als friend-Funktion in jede Klasse auf. Komplettieren Sie zunächst die auf S. 110 erwähnten Funktionen zur Ausgabe von Konten und Kunden.

7. Überzeugen Sie sich, daß man mit dem folgendermaßen definierten Objekt tab

   ```
   struct X : public d_Object { ..... };
   d_Set<d_Ref<X> > tab;
   ```

eine Tabelle, wie sie von relationalen Datenbanksystemen benutzt wird, erstellen kann. Testen Sie ihre Implementation mit einer Struktur Plan, die den Fahrplan für die Ankunft bzw. Abfahrt von Zügen in einem Bahnhof beschreibt. Zum Beispiel:

ICE 571	8.26	Karlsruhe	Gleis 4	8.32	Frankfurt
RB 7010	---	---	Gleis 10	8.46	Worms

8. Machen Sie sich (ggf. anhand einer Zeichnung) den Unterschied zwischen den folgenden Objekten klar:

```
d_Ref<Kunde> a;
d_Set<d_Ref<Kunde> > b;
d_Set<Kunde> c;
d_Ref<d_Set<d_Ref<Kunde> > > d;
```

9. Untersuchen Sie, ob Ihr ODBMS eingebettete Transaktionen unterstützt. Falls ja, wie wirken sich abort()- bzw. commit()-Aufrufe in einer inneren Transaktion aus? Die umgebende Transaktion soll mittels commit() abgeschlossen werden.

10. Vervollständigen Sie die Abbildungen zu prog6, indem Sie alle Objekte und alle Objektverbindungen einzeichnen.

11. Weshalb sind für die Klassen d_Date, d_Time und d_Timestamp jeweils Operatorfunktionen operator-(const d_Date&, const d_Interval&) aber nicht umgekehrt operator-(const d_Interval&, const d_Date&) definiert?

12. Vervollständigen Sie prog12, indem Sie zunächst einige Rezepturen und ein Lager mit Vorratstanks erzeugen und abspeichern.

13. Verbessern Sie die Implementation von Beispiel 3 (Abschnitte 4.3 und 4.5), indem Sie

   (a) Gäste und Cafés nicht in einem d_Varray-, sondern in einem d_Set-Objekt speichern, damit Mehrfacheintragungen ausgeschlossen sind,

   (b) die Benutzereingaben dahingehend überprüfen, daß existierende Gäste bzw. Cafés ausgewählt wurden.

Kapitel 5

Die Anfragesprache OQL

5.1 Einleitung

Mit der in Kapitel 4 behandelten Objektmanipulations-Sprache C++-OML können wir auf alle in einer Datenbank gespeicherten Objekte zugreifen, sofern durch set_object_name() geeignete Einstiegspunkte benannt wurden. Vorraussetzung hierfür ist die Kenntnis von C++, C++-OML und der Klassenspezifikationen, die über die ODL oder direkt in C++-ODL definiert wurden. Alternativ können Benutzer die Anfragesprache OQL verwenden. Es sind dann keine Fähigkeiten zur Anwendungsentwicklung nötig; lediglich die wenigen in Anhang C zusammengestellten OQL-Syntaxregeln und das Objektschema – zum Beispiel in Form eines Analyse/Designmodells – müssen bekannt sein.

Während man mit der C++-OML *prozedural*, also durch Programmierung einer Folge auszuführender Anweisungen zugreift, verfolgt die OQL den *deklarativen* Ansatz: Benutzer spezifizieren hier das gewünschte Resultat und überlassen dem ODBMS bzw. seinem OQL-Interpreter die Zusammenstellung der Prozeduren, mit denen man dieses Resultat erhält. Beispielsweise kann man analog zur Funktion bestandteilOK() von S. 128 mit der OQL-Anfrage

b.menge <= sum(select v.menge from l.tanks v where b.name = v.name)

feststellen, ob ein Vorratslager l genügend Rohstoffe für die von einem Bestandteil b benötigte Menge enthält. Da hier die Objekte v nicht über Verweise referenziert, sondern über ihre Zustandswerte ausgewählt werden, nennt man derartige Anfragen auch *assoziativ*.

OQL-Anfragen kann man *ad hoc* während einer Benutzersitzung stellen. In den Abschnitten 5.3.1 und 5.3.2 wird besprochen, wie man sie auch in ein C++-OML-Programm aufnehmen und ihre Resultate dort weiter verarbeiten kann.

Die OQL ist wie die Standard-Anfragesprache SQL keine vollständige Programmiersprache, d.h. es ist nicht jeder Algorithmus in einem OQL-Anfrageprogramm formulierbar. Die OQL ist teils Einschränkung, teils Erweiterung von SQL-92. Einerseits existieren keine Update-Befehle (create, update, delete, insert), andererseits kann jede select-Anfrage, die auf den Tabellen eines relationalen Datenbanksystems arbeitet, mit unveränderter Syntax für entsprechend implementierte Collection-Objekte (des Typs d_Set<d_Ref<T> >, siehe Übungsaufgabe 7 von Kapitel 4) übernommen werden.

Im Gegensatz zu SQL ist die OQL eine streng typisierte Sprache, die auf den Objekttypen des ODMG-Objektmodells aus Kapitel 2 basiert. Syntaktisch gesehen ist eine OQL-Anfrage ein Ausdruck, der in der Regel aus einem Operator und einem oder mehreren Operanden besteht. Die Operanden sind selbst wieder OQL-Ausdrücke. Sie haben einen Wert und einen Typ, und aus dem Typ der Operanden und dem verwendeten Operator ergibt sich der Typ des Resultats. Alle Ausdrücke können Operand eines zusammengesetzten Ausdrucks sein – auf diese Weise ist die Formulierung komplexer Anfragen möglich. Sämtliche OQL-Operatoren können miteinander kombiniert werden, solange die Typen der Operanden korrekt sind.

Als Resultat einer Anfrage ergibt sich ein einzelnes Objekt, ein Literal oder ein Collection-Objekt, das Objekte oder Literale als Elemente enthalten kann und selbst über eine OID verfügt oder nicht. Bei den Objekten kann es sich um aus der Datenbank gelesene Objekte handeln oder um Objekte, die der OQL-Interpreter erzeugt hat. Während der Auswertung einer OQL-Anfrage sind sämtliche, auch polymorphe Methodenaufrufe durchführbar.

5.2 Die OQL-Syntax

Eine OQL-Anfrage ist ein Ausdruck, der beliebig komplex aus anderen Ausdrücken zusammengesetzt sein kann. Zur Vereinfachung und aus Gründen der besseren Lesbarkeit können Teilausdrücke mit einem Bezeichner benannt werden. Hierzu verwendet man die Syntax:

> *Anfrageprogramm:*
> *Anfrage-Definitionsfolge$_{opt}$ Anfrage*

Anfrage-Definitionsfolge:
  Anfrage-Definition
  Anfrage-Definitionsfolge Anfrage-Definition

Anfrage-Definition:
  define *Bezeichner* as *Anfrage* ;

Anfrage:
  Basisausdruck
  Einfacher-Ausdruck
  Vergleichsausdruck
  Boolescher-Ausdruck
  Konstruktorausdruck
  Zugriffsausdruck
  Collection-Ausdruck
  Mengenausdruck
  Konversionsausdruck
  Select-Ausdruck

Für Beispiel 1 kann man mit dem Anfrageprogramm

```
define MA as select x from Kunden x where x.anschrift.ort = "Mannheim";
select distinct y.istInhaber from MA y
```

zunächst ein bag-Objekt MA aller Kunden mit Wohnort Mannheim ermitteln und
daran anschließend die Menge ihrer Konten bestimmen. Die beiden in diesem Programm enthaltenen Anfragen sind select-Ausdrücke. Im folgenden beginnen wir
mit den einfachsten Anfragen, den Basisausdrücken, und betrachten dann daraus zusammengesetzte Ausdrücke, bis hin zum select-Ausdruck, der der häufigste beim
OQL-Einsatz verwendete Anfrageausdruck ist. Zur präzisen Beschreibung des Typs
eines Anfrageresultats wird dabei gelegentlich die C++-OML-Notation eingesetzt.

5.2.1 Basisausdrücke

Die OQL-Basisausdrücke bestehen aus atomaren Literalen und Variablennamen.

Basisausdruck:
  true
  false

Ganzzahlige-Konstante

Gleitpunktkonstante

Zeichenkonstante

Zeichenkettenkonstante

nil

Einstiegspunkt-Name

Anfrage-Name

Iterator-Variablenname

Anfrage-Parameter

(*Anfrage*)

Die booleschen Konstanten true und false, ganzzahlige Konstanten, Gleitpunktkonstanten, Zeichenkonstanten und Zeichenkettenkonstanten liefern ihren Wert als Resultat der Anfrage. Eine eigenständige Anfrage der Art 'x' ist daher genauso wenig sinnvoll wie eine C++-Ausdrucksanweisung 'x';. Konstanten werden im where-Ausdruck
einer select-Anfrage und bei der Konstruktion von Strukturen und Objekten benötigt.
Mit der Konstante nil kann man prüfen, ob ein Objektverweis Nullreferenz ist bzw. ob
ein Objekt gelöscht wurde und nicht mehr existiert.

Wenn ein Objekt durch einen set_object_name()-Aufruf mit einem Namen versehen
wurde, ist dieser Name als Einstiegspunkt-Name verwendbar und hat als Resultat der
Anfrage das bezeichnete Objekt. Zum Beispiel liefert die Anfrage

   Gaeste

an die Datenbank kaffee, die mit dem C++-OML-Programm aus Abschnitt 4.5 manipuliert wurde, die Extension der Gast-Objekte in Form eines Feldes.

Damit ein Objektname als Einstiegspunkt-Name benutzt werden kann, darf die an
set_object_name() übergebene Zeichenkette nur aus Buchstaben, Ziffern und Unter-
strichen (_) bestehen und muß mit einem Buchstaben oder _ beginnen. Das heißt,
hier werden Namen der Form "*Bezeichner*" erwartet.

Heute verfügbare ODMG-Systeme setzen diese wichtige Möglichkeit zum Zugriff
auf benannte Datenbankobjekte oft noch mit implementationsspezifischen Syntaxer-
weiterungen, wie beispielsweise

   define extent Gaeste for Gast; .....
   define Gaeste as kaffee.OOT_SCH.Gast; .....

um.

Ein Anfrage-Name ist ein Name x, der mit einer Anfrage-Definition der Art define x as y; eingeführt wurde. Er kann in nachfolgenden Anfragen eingesetzt werden, und seine Auswertung führt dann zur Auswertung der Anfrage y.

Ein Iterator-Variablenname ist ein Name x, der im from-Teil eines select-Ausdrucks eingeführt wird. Sein Geltungsbereich erstreckt sich über den gesamten select-Ausdruck, einschließlich der Projektionsattribute und der optionalen where-, group-by-, having- und order-by-Ausdrücke und in diese eingebetteten Anfragen. Alle in Abschnitt 5.2.10 behandelten Beispiele enthalten Iterator-Variablen.

Wenn man Anfragen über die C++-OQL, also durch Erzeugung von Objekten der Klasse d_OQL_Query definiert, so ist es möglich, Variablen der C++-OML in eine Anfrage einzubringen. Man verwendet hierzu Anfrage-Parameter, die die Form \$1, \$2, ... haben (vgl. Abschnitt 5.3.1).

Jede Anfrage a wird Basis-Ausdruck, wenn man sie als (a) einklammert. Durch die Klammerung kann man die Auswertungsreihenfolge von Teil-Ausdrücken steuern. Wie in C++ wird ein Ausdruck in Klammern ausgewertet, bevor ein Operator außerhalb der Klammern auf ihn angewendet werden kann.

5.2.2 Einfache Ausdrücke

Einfache Ausdrücke ergeben sich, wenn man Operanden atomarer Typen miteinander verknüpft.

Einfacher-Ausdruck:
   - *Anfrage*
   abs (*Anfrage*)
   Anfrage + *Anfrage*
   Anfrage - *Anfrage*
   Anfrage * *Anfrage*
   Anfrage / *Anfrage*
   Anfrage mod *Anfrage*
   Anfrage || *Anfrage*

Die einstelligen Operatoren - und abs sind auf alle arithmetischen Operanden anwendbar. Mit den zweistelligen Operatoren +, -, * und / kann man alle arithmetischen Operanden verknüpfen; der Operator mod ist wie üblich nur auf zwei ganzzahlige Operanden anwendbar.

Der Operator + ist auch für Zeichenketten-Operanden definiert. s1 + s2 ist die Zeichenkette, die sich durch Anfügen von s2 an das Ende von s1 ergibt. Dieselbe Wirkung erzielt man mit dem ||-Operator: s1 || s2 ist lediglich eine alternative Schreibweise für s1 + s2.

5.2.3 Vergleichsausdrücke

Vergleichsausdrücke entstehen, wenn man Vergleichsoperatoren auf Operanden atomarer Typen anwendet.

> *Vergleichsausdruck:*
> > *Anfrage Vergleichsoperator Anfrage*
> > *Anfrage* like *Zeichenkettenkonstante*
>
> *Vergleichsoperator:* eins von
> > =   !=   >   <   >=   <=

Alle in Abbildung 2.2 (S. 16) aufgeführten atomaren Typen sind als Typ der zu vergleichenden Operanden zulässig. Das Resultat ist jeweils vom Typ boolean. Es ist zu beachten, daß die Gleichheit von zwei Ausdrücken mittels = und nicht mittels == untersucht wird; die OQL kennt keine Zuweisungsoperatoren.

Mit <, <=, > und >= können auch set- und bag-Ausdrücke verglichen werden. Die Operatoren stehen dann für $\subset$, $\subseteq$, $\supset$ und $\supseteq$, wobei $\subset$ und $\supset$ echte Teil- bzw. Obermengen bezeichnen. Haben beide Operanden nicht denselben Typ, so wird der set-Ausdruck vor dem Vergleich in einen bag-Ausdruck umgewandelt.

Zeichenketten werden lexikographisch miteinander verglichen, d.h. die aufgeführten Vergleichsoperatoren arbeiten wie die Elementfunktionen der Klasse d_String. Eine weitere Vergleichsmöglichkeit bietet der like-Operator. Ist s ein Ausdruck des Typs string und t eine Zeichenkettenkonstante, so liefert die Anfrage s like t das Resultat true, wenn s und t übereinstimmen. Die Zeichenkette t kann dabei die „Wildcard"-Zeichen '?' oder '_' als Platzhalter für ein beliebiges Zeichen und '*' oder '%' als Ersatz für eine beliebige (auch leere) Zeichenkette enthalten. Der Ausdruck

    "Die ODMG-Typen" like "Die*MG-T?pen"

hat somit den Wert true. Wie die einfachen Anfrageausdrücke setzt man auch Vergleichsausdrücke meistens im where-Ausdruck einer select-Anfrage ein.

Zum Beispiel ermittelt die Anfrage

select g from Gaeste g where g.name like "%Ba_er"

alle Gäste mit den Nachnamen Bader, Baier, Bauer, Bayer usw.

5.2.4 Boolesche Ausdrücke

Boolesche Ausdrücke entstehen durch Anwendung der logischen Operatoren not, and
und or auf boolesche Operanden. Auch sie werden überwiegend in where-Ausdrücken
eingesetzt.

> *Boolescher-Ausdruck:*
> not *Anfrage*
> *Anfrage* and *Anfrage*
> *Anfrage* or *Anfrage*

5.2.5 Konstruktorausdrücke

Durch Konstruktorausdrücke kann man Objekte mit oder ohne OID und die in Abschnitt 2.4.3 erwähnten Collection-Literale erzeugen und als Ausdruck in einer Anfrage verwenden.

> *Konstruktor-Ausdruck:*
> *Typname* (*Bezeichner-Anfrage-Liste*)
> *Typname* (*Anfrage$_{opt}$*)
> struct (*Bezeichner-Anfrage-Liste*)
> set (*Anfrageliste$_{opt}$*)
> bag (*Anfrageliste$_{opt}$*)
> array (*Anfrageliste$_{opt}$*)
> list (*Anfrageliste$_{opt}$*)
> list$_{opt}$ (*Anfrage* .. *Anfrage*)
> (*Anfrage* , *Anfrageliste*)
>
> *Bezeichner-Anfrage-Liste:*
> *Bezeichner* : *Anfrage*
> *Bezeichner-Anfrage-Liste* , *Bezeichner* : *Anfrage*

Die Konstruktion von Objekten

T sei ein Typname und b1, b2, ..., bn Namen von Eigenschaften (Attributen oder Beziehungen) dieses Typs. Wenn a1, a2, ..., an Ausdrücke sind, wobei der Wert von ai denselben Typ wie bi oder einen davon abgeleiteten Subtyp hat, so erzeugt T(b1 : a1, b2 : a2, ..., bn : an) ein temporäres T-Objekt, dessen durch b1, b2, ..., bn bezeichnete Eigenschaften mit den Werten a1, a2, ..., an initialisiert sind.

Damit der OQL-Interpreter das Objekt konstruieren kann, muß er die entsprechende Schemainformation in der Datenbank finden (d.h. T muß mittels interface bzw. d_Object definiert sein) oder T muß aus der ODMG-Klassenbibliothek stammen.

    Bestellung(bestellnummer : "1-55860", inAuftragBei : OOTech)

erzeugt für Beispiel 2 (siehe das Schema in Abschnitt 3.11) ein Bestellung-Objekt, dessen Bestelldatum und Liste der Bestellpositionen nicht initialisiert sind. Hier ist vorausgesetzt, daß OOTech Einstiegspunkt-Name eines Lieferanten ist.

Ist T ein Collection-Typ und a ein Literal, dessen Typ mit T übereinstimmt oder von T abgeleitet ist, so erzeugt T(a) ein Collection-Objekt, das die Elemente von a aufnimmt. Wenn man den Typ doubSet in der ODL mittels typedef set<double> doubSet; oder in der C++-ODL durch typedef d_Set<d_Double> doubSet; vereinbart hat, so liefert der Ausdruck

    doubSet(select distinct p.preis from Produkte p)

beispielsweise ein set-Objekt, das eine Menge von Produktpreisen enthält.

Die Konstruktion von Strukturen

Benutzerdefinierte strukturierte Literale generiert man mit einem Ausdruck der Form struct(b1 : a1, b2 : a2, ..., bn : an), wobei b1, b2, ..., bn Namen von Attributen und a1, a2, ..., an Ausdrücke sind. Es entsteht dann eine Struktur ohne OID. Und im Unterschied zur Objektkonstruktion sind die Attributnamen frei wählbar, müssen also nicht zu einem existierenden Typ gehören. Der Typ der erzeugten Struktur ist abhängig von den verwendeten Ausdrücken: Hat ai jeweils den Typ Ti, so ist das Resultat vom Typ struct { T1 b1; T2 b2; ... ; Tn bn; }. Zum Beispiel erzeugt

    struct(preis : 89.9, name : "Kabel")

ein Literal des unbenannten Typs struct { d_Double preis; d_String name; } und initialisiert die beiden Attribute mit den Werten 89.9 bzw. "Kabel".

Die Konstruktion von Collection-Literalen

Mit einer Liste von Anfrage-Ausdrücken kann man Collection-Literale konstruieren.

> *Anfrageliste:*
>> *Anfrage*
>> *Anfrageliste , Anfrage*

Sind a1, a2, ..., an Ausdrücke desselben Typs, so ist set(a1, a2, ..., an) ein Mengenliteral mit den Elementen a1, a2, ..., an. Literale der übrigen Collection-Typen erzeugt man analog durch bag(a1, a2, ..., an), array(a1, a2, ..., an) oder list(a1, a2, ..., an). Wenn man kurz (a1, a2, ..., an) schreibt, ist das Ergebnis eine Liste. Mittels

    set(1, 1, 2, 3, 2)
    array(1, 1, 2, 3, 2)

werden also eine eine Menge mit den drei Elementen 1, 2 und 3 sowie ein fünfkomponentiges Feld generiert. Bei Listen mit ganzzahligen oder Zeichen-Elementen kann man kurz list(min .. max) oder einfach (min .. max) schreiben, um die Liste mit den Elementen min, min + 1, ..., max - 1, max zu erhalten. Der Wert min muß hier kleiner als max sein. list('e' .. 'i') liefert somit dieselbe Liste wie list('e', 'f', 'g', 'h', 'i').

Zwei array- bzw. zwei list-Operanden können mit dem Operator + kombiniert werden. Das Resultat ist das Collection-Literal, das sich durch Anfügen des rechten Operanden an das Ende des linken Operanden ergibt. Beispielsweise erhält man als Wert von array(1, 1, 2) + array(3, 2) das Feld array(1, 1, 2, 3, 2).

5.2.6 Zugriffsausdrücke

Mit Zugriffsausdrücken greift man auf die Attribute oder Beziehungen eines Objekts zu oder ruft Methoden für ein Objekt auf. Und zum Zugriff auf die Elemente eines Collection-Objekts oder -Literals ist ein Indexoperator definiert.

> *Zugriffsausdruck:*
>> *Anfrage . Bezeichner*
>> *Anfrage -> Bezeichner*
>> *Anfrage . Bezeichner (Anfrageliste$_{opt}$)*
>> *Anfrage -> Bezeichner (Anfrageliste$_{opt}$)*
>> * *Anfrage*

Anfrage [*Anfrage*]

Anfrage [*Anfrage* : *Anfrage*]

first (*Anfrage*)

last (*Anfrage*)

Bezeichner (*Anfrageliste*$_{opt}$)

Objekteigenschaften

Wenn a ein Objekt ist (genauer: ein Ausdruck, der ein Objekt bezeichnet oder referenziert) und e der Name einer Eigenschaft dieses Objekts, dann ist a.e ein Zugriffsausdruck, der den Wert der betreffenden Eigenschaft liefert. Alternativ zu a.e kann auch a->e geschrieben werden; OQL-Anwender müssen also nicht wissen, ob Gesamtheit-Teil-Strukuren mit eingebetteten Teilobjekten oder mit Objektbeziehungen implementiert wurden und können diese Feststellung dem OQL-Interpreter überlassen.

Zugriffsausdrücke werden oft zu *Pfadausdrücken* zusammengesetzt, mit denen man entlang den Verbindungswegen zwischen Objekten navigiert bzw. mit denen man auf die Eigenschaften von Teilobjekten innerhalb größerer Objekte zugreift:

```
fil.leitet.anschrift.strasse
best->inAuftragBei->name
```

In der ersten Anfrage verfolgt man ausgehend von einem Filialleiterobjekt fil die Verbindung zu der geleiteten Filiale und ermittelt den Straßennamen des Attributs anschrift. Im zweiten Fall wird für eine Bestellung best der Name des Lieferanten festgestellt. (Vgl. hierzu die Abbildungen 2.5 und 3.1 für die Beispiele 1 und 2.) Es ist zu beachten, daß die einzelnen Zwischenresultate eines Pfadausdrucks immer genau ein Objekt, ein Attribut oder eine Objektverbindung liefern müssen. Das heißt, im ersten Beispiel wäre

```
fil.leitet.fuehrt.kontostand          // Fehler
```

kein korrekter Zugriffsausdruck, da fil.leitet.fuehrt eine Liste von Konten ergibt und nicht klar ist, welcher Kontostand gemeint ist. Will man alle Kontostände der Konten der von fil geleiteten Filiale feststellen, so benutzt man einen select-Ausdruck (siehe 5.2.10).

Objektverhalten

Wenn a ein Ausdruck und m ein Name einer parameterlosen Methode ist, dann ist
a.m ein Zugriffsausdruck, dessen Wert der Funktionswert des Aufrufs von m für das
Objekt a ist. Sofern die Methode keinen Funktionswert zurückgibt – also in der C++-
Anbindung void als Typ des Funktionswerts hat –, liefert a.m den Wert nil. Auch hier
können wir statt a.m wieder a->m schreiben. Ebenso ist die ausführliche Schreibweise
a.m() bzw. a->m() zulässig. Daß der Aufrufoperator () nicht spezifiziert werden muß,
hat den Vorteil, daß Anwender nicht wissen müssen, ob Attribute und Beziehungen
private gekapselt und mit Zugriffsfunktionen versehen oder als public Datenelemente
implementiert sind. Für Beispiel 3 ist daher das Resultat der Anfrage

    g.bevorzugt.telNummer

die Telefonnummer des von einem Gast g bevorzugten Cafés. Man sieht, daß bevorzugt wie eine Objektverbindung „traversiert" werden kann, obwohl es sich hier (vgl.
Abschnitt 4.3) um eine Methode handelt.

Sind a und a1, a2, ..., an Ausdrücke und m ein Methodenname, so ist a.m(a1, a2,
..., an) oder alternativ a->m(a1, a2, ..., an) ein Ausdruck, der den Funktionswert
des Aufrufs von m mit den Argumenten a1, a2, ..., an für das Objekt a liefert.
Wenn die Methode keinen Funktionswert berechnet, ist das Resultat nil. Anderenfalls
können auch Methodenaufrufe mit Argumentübergabe, sofern die Typen stimmen, in
Pfadausdrücke aufgenommen werden:

    kto->einzahlung(2300.0)->kontostand

Hier ist vorausgesetzt, daß die Methode einzahlung von Beispiel 1 als Funktionswert
jeweils das Konto zurückgibt, für das sie aufgerufen wurde.

Auch polymorphe Methodenaufrufe werden durch die OQL unterstützt. Ist beispielsweise Konten die Extension der Festgeldkonto- und Girokonto-Objekte von
Beispiel 1 und ist Konto::jahresabschluss() eine virtuelle Funktion, die in den Klassen FestgeldKto bzw. GiroKto durch spezielle Versionen überschrieben wurde, so wird
in der Anfrage

    avg(select kto.jahresabschluss from Konten kto)

für jedes Konto die „richtige", zu seinem dynamischen Typ passende Funktion aufgerufen. (Die Anfrage führt den Jahresabschluß für alle bei einer Filiale geführten
Konten durch und berechnet den mittleren Kontostand, s.u.)

Da in der Regel mehrere Benutzer auf eine Datenbank zugreifen, ist es möglich, daß ein Objekt a, für das eine Methode aufgerufen werden soll, bereits gelöscht wurde oder daß ein Verbindungsweg in einer Anwendung mit clear() auf „Null" gesetzt wurde. Der Methodenaufruf führt dann zum Auswerfen einer Ausnahme des Typs d_Error_RefInvalid oder d_Error_RefNull. Im nächsten Abschnitt werden wir sehen, wie man sich gegen derartige Ausnahmen absichern kann.

Vergleich von Objekten, der Inhaltsoperator

Mit den Vergleichsoperatoren =, !=, <, <=, > und >= können alle atomaren Typen miteinander verglichen werden (siehe Abschnitt 5.2.3). Darüber hinaus sind mit = bzw. != auch Vergleiche aller übrigen Literaltypen möglich. Verglichen werden hier die in den Objekten gespeicherten Werte aller Objekteigenschaften; das Resultat ist vom Typ boolean. Dabei ist a1 != a2 gleichbedeutend mit not(a1 = a2). Beispielsweise hat der Ausdruck

    array(1, 1, 2) + array(3, 2) = array(1, 1, 2, 3, 2)

den Wert true.

Bei Objekten mit OID haben die beiden Operatoren eine andere Wirkungsweise: das Resultat der Anfrage a1 = a2 ist true, wenn a1 und a2 dasselbe Objekt referenzieren, und false, wenn die OID von a1 und a2 verschieden ist. Die Bedeutung von a1 != a2 ist wieder not(a1 = a2).

Sollen zwei Objekte lediglich bezüglich der Werte ihrer Eigenschaften verglichen werden, benutzt man den Inhaltsoperator * und einen Vergleich der Form *a1 = *a2 oder *a1 != *a2. Wenn in Beispiel 2 zwei Position-Objekte pos1 und pos2 mit derselben Nummer dieselbe Menge desselben Produkts bestellen, gilt also *pos1 = *pos2. Es kann sich dabei um verschiedene Objekte (pos1 != pos2) handeln, die beispielsweise in verschiedenen Bestellungen enthalten sind. Umgekehrt folgt aber aus a1 = a2 immer *a1 = *a2.

Ein wichtiger Vergleich, mit dem das Auswerfen von Ausnahmen verhindert werden kann, ist der Test, ob ein Ausdruck das „Objekt" nil referenziert – dieser Fall kann durch einen delete_object()- oder clear()-Aufruf eintreten, der möglicherweise von anderen Benutzern der Datenbank oder durch vorangegangene Anwendungen abgesetzt wurde. Durch den Vergleich mit nil können wir innerhalb einer Anfrage feststellen, ob der vorgesehene Zugriff möglich ist:

best->inAuftragBei != nil and best->inAuftragBei->name = "Mauser AG"

Hier wird der zweite Operand des and-Operators nur ausgewertet, wenn die Bestellung best mit einem Lieferant-Objekt verbunden ist. Typischerweise werden auch
Vergleiche nicht atomarer Typen in where-Ausdrücken innerhalb von select-Anfragen
eingesetzt.

Der Indexoperator

Für die OQL ist ein Indexoperator definiert, mit dem man auf die Elemente geordneter
Collection-Objekte bzw. -Literale zugreifen kann. Beim Zugriff auf einzelne Elemente
wird dieselbe Syntax wie in C++ verwendet, das heißt, wenn a ein array- oder list-
Ausdruck und i ein ganzzahliger Ausdruck ist, so erhält man mit a[i] das (i + 1)-te
Element. Zum Beispiel gilt:

list('e' .. 'i')[3] = 'h'

Auch in Pfadausdrücken kann der Indexoperator benutzt werden. Mit der folgenden
Anfrage ermittelt man die Menge der Filialen, bei denen das jeweils erste Konto (mit
Index 0) der Mannheimer Bankkunden geführt wird. Die Collection MA wurde auf
S. 143 mit einer Anfrage-Definition bestimmt.

select distinct kunde.istInhaber[0].wirdGefuehrt from MA kunde

Durch einen Anfrage-Ausdruck der Form a[i1 : i2] ergibt sich wieder ein array- oder
list-Ausdruck, der die Elemente a[i1], a[i1 + 1], . . . , a[i2] enthält. Beispielsweise liefert
array(1, 1, 2, 3, 2)[2 : 4] als Resultat das Feld array(2, 3, 2).

Der Indexoperator kann in beiden angeführten Versionen auf Zeichenketten-Operan-
den angewandt werden und wirkt dann wie bei einem char-Feld.

a sei wieder ein array- oder list-Ausdruck. Dann sind first(a) und last(a) Ausdrücke, mit
denen man das erste bzw. letzte Element von a erhält. first(a) ist also gleichbedeutend
mit a[0], und im letzten Pfadausdruck hätten wir first(kunde.istInhaber).wirdGefuehrt
schreiben können.

Funktionsaufrufe

Die ODL sieht zwar keine Möglichkeit zur Spezifikation globaler Funktionen vor,
diese können jedoch je nach Sprachanbindung in der OML definiert werden. Falls f

der Name einer globalen Funktion ist und a1, a2, ..., an OQL-Ausdrücke sind, so ist f() oder f(a1, a2, ..., an) ein Ausdruck, der den Funktionswert des Aufrufs von f liefert. Im ersten Fall handelt es sich um eine Funktion ohne Parameter, im zweiten Fall werden beim Aufruf die Argumente a1, a2, ..., an übergeben. Das Resultat ist nil, wenn kein Funktionswert berechnet wird.

5.2.7   Collection-Ausdrücke

Collection-Ausdrücke dienen dazu, festzustellen, ob Elemente eines Collection<T>-Objekts oder -Literals einer bestimmten Bedingung genügen. Weiterhin kann man mit ihnen – wenn T ein arithmetischer Typ ist – die Werte aller Collection-Elemente zu einem einzigen T-Wert aggregieren.

> *Collection-Ausdruck:*
> for all *Bezeichner* in *Anfrage* : *Anfrage*
> exists *Bezeichner* in *Anfrage* : *Anfrage*
> exists (*Anfrage*)
> unique (*Anfrage*)
> *Anfrage* in *Anfrage*
> sum (*Anfrage*)
> min (*Anfrage*)
> max (*Anfrage*)
> avg (*Anfrage*)
> count (*Anfrage*)
> count (*)

Quantoren

Wenn x ein Variablenname ist und a1 und a2 zwei Ausdrücke sind, wobei a1 eine Collection bezeichnet und a2 vom Typ boolean ist, so ist auch for all x in a1 : a2 ein OQL-Ausdruck. Sein Resultat ist true, falls alle Elemente in a1 der „Bedingung" a2 genügen. Anderenfalls hat der Ausdruck den Wert false. In der Regel wird auf die Variable x in der Bedingung zugegriffen. Zum Beispiel hat die Anfrage

    for all kunde in MA : kunde.anschrift.ort = "Mannheim"

das Resultat true.

Auf ähnliche Weise kann man mit der Anfrage exists x in a1 : a2 prüfen, ob mindestens ein Element in a1 der Bedingung a2 genügt. Auch hier ist das Ergebnis entsprechend wieder true oder false. Die Anfrage

exists best in Bestellungen : best.inAuftragBei = nil

stellt fest, ob es Bestellungen gibt, für die noch kein Lieferant festgelegt wurde. In diesem Beispiel ist vorausgesetzt, daß Bestellungen die Extension aller Bestellung-Objekte ist.

Unabhängig von Bedingungen kann man auch untersuchen, ob eine Collection a mindestens ein Element bzw. genau ein Element enthält. Dazu stellt man die Anfrage in der Form exists(a) bzw. unique(a):

exists(select kto from Konten kto where kto.kontostand >= 1000000.0)

Das Ergebnis ist bei diesem Beispiel true, wenn wenigstens ein Konto mit einem Kontostand von mindestens 1 Mio. DM geführt wird.

Soll eine Anfrage nachprüfen, ob eine Collection a ein bestimmtes Element e enthält, verwendet man den Ausdruck e in a. Der Typ von e muß sinnvollerweise mit dem Typ der Elemente von a übereinstimmen. Als Spezialfall kann der in-Operator auf ein Zeichen und einen string-Ausdruck angewandt werden; beispielsweise hat

'o' in "ODMG"

den Wert false, weil das Zeichen 'o' nicht in der Zeichenkette "ODMG" enthalten ist.

Aggregatfunktionen

Auf einen Ausdruck a, der einen Collection-Typ hat, können die Operatoren sum, min, max, avg und count angewandt werden.

sum(a) berechnet die Summe der Werte aller Elemente in a; min(a) bzw. max(a) ermitteln den kleinsten bzw. größten Wert der Elemente in a; avg(a) liefert den Mittelwert („average") der Elemente in a. Damit diese Funktionswerte berechnet werden können, müssen die Elemente von a einen arithmetischen Typ haben (sum, avg) oder es muß ein Vergleichsoperator definiert sein (min, max). Mit

min(select best->datum from Bestellungen best)

erhält man beispielsweise das Datum des ältesten Bestellung-Objekts.

Die Anfrage count(a) liefert wie die Elementfunktion cardinality() der C++-OML die Anzahl der Elemente in a. Zum Beispiel wird mit

count(select * from Bestellungen best where best->inAuftragBei = OOTech)

die Anzahl der Bestellungen, die bei dem Lieferanten OOTech aktuell in Auftrag sind, gezählt.

Bemerkung

Aus Gründen der Kompatibilität mit SQL wird im letzten Fall auch die Syntax select count(*) from Bestellungen ..... von der OQL akzeptiert.

5.2.8 Mengenausdrücke

Neben dem Vergleich von set- und bag-Ausdrücken mit den Operatoren <, <= usw. ist auch die Bildung der Vereinigung, des Durchschnitts und der Differenz von zwei Ausdrücken a1 und a2 möglich. Als Operatoren stehen dazu union, intersect und except zur Verfügung. Haben a1 und a2 nicht denselben Typ, wird wie in Abschnitt 5.2.3 der set-Ausdruck vor der Anwendung des Operators in einen bag-Ausdruck umgewandelt. Zum Beispiel haben alle drei folgenden Anfragen das Ergebnis true:

set(1, 2) union bag(3, 3, 3) = bag(1, 2, 3, 3, 3)
bag('x', 'x', 'y', 'y', 'y') intersect bag('y', 'y', 'z') = bag('y', 'y')
bag(true, true, false, false, false) except bag(true, false, false, false) = bag(true)

5.2.9 Konversionsausdrücke

Mit Konversionsausdrücken sind explizite Typumwandlungen, z.B. von Collection-Typen in den Typ ihrer Elemente oder von Supertypen in Subtypen möglich.

> *Konversionsausdruck:*
>   element (*Anfrage*)
>   distinct (*Anfrage*)
>   (*Bezeichner*) *Anfrage*
>   listtoset (*Anfrage*)
>   flatten (*Anfrage*)

Eine häufig eingesetzte Konversion ist die Umwandlung einer einelementigen Collection in das in ihr enthaltene Element. Ist a ein Ausdruck eines Collection-Typs, so ist element(a) ein Ausdruck, der das eine in a enthaltene Element zum Resultat hat. Wenn a nicht einelementig ist, wird eine Ausnahme ausgeworfen. Wie im folgenden Beispiel, wird a meist Ergebnis eines select-Ausdrucks sein:

    element(select kto from Konten kto where kto.kontonummer = 301662)

Diese Anfrage liefert das Konto-Objekt mit der Kontonummer 301662.

Mit distinct(a) entfernt man Duplikate aus einem Collection-Ausdruck a. Wenn a vom Typ bag ist, ergibt sich distinct(a) als set. Im Fall eines list- oder array-Typs bleibt die Anordnung der in der Collection verbleibenden Elemente zueinander unverändert. Zum Beispiel haben die folgenden Anfragen den Wert true:

    distinct(array(2, 1, 2, 3, 1, 3, 3)) = array(2, 1, 3)
    distinct(bag('x', 'x', 'y', 'y', 'y')) = set('x', 'y')

Der aus C++ bekannte „Downcast" von einem Supertyp zu einem davon abgeleiteten Subtyp ist – verbunden mit denselben Risiken – auch in einer OQL-Anfrage möglich: Wenn a ein Ausdruck und T ein Typname ist, dann ist (T) a ein zulässiger OQL-Ausdruck. Sofern der dynamische Typ von a nicht T oder Subtyp von T ist, wird eine Ausnahme ausgeworfen, ansonsten wird a nach T konvertiert. Beispielsweise kann man mit der Anfrage

    select ((FestgeldKto) k).restlaufzeit from Konten k
       where k.kontonummer in (700000 .. 799999)

die Restlaufzeiten aller FestgeldKto-Objekte zusammenstellen, wobei hier unterstellt ist, daß die betreffende Bank die Kontonummern 700000–799999 nur für ihre Festgeldkonten vergibt. Ohne die explizite Umwandlung wäre der Zugriff auf die Methode oder das Attribut restlaufzeit nicht möglich. Den Diskussionen über die mangelnde Qualität derartiger Ansätze ist an dieser Stelle nichts hinzuzufügen.

Eine weitere Konversionsmöglichkeit bietet der listtoset-Operator, der einen list-Ausdruck a in eine Menge umwandelt. Als Ergebnis von listtoset(a) wird eine Menge erzeugt, indem alle Elemente der Liste a in diese Menge eingefügt werden. Zum Beispiel ist

    listtoset(list('v', 'u', 'v', 'w', 'u', 'w', 'w'))

die Menge mit den drei Zeichen 'v', 'u' und 'w'.

Typ von a	Typ von flatten(a)
Collection<set<T>>	set<T>
Collection<bag<T>>	bag<T>
Das Resultat entsteht durch Vereinigung der set- bzw. bag-Elemente. Der „äußere"Collection-Typ spielt keine Rolle.	
list<list<T>>	list<T>
list<array<T>>	array<T>
array<list<T>>	list<T>
array<array<T>>	array<T>
Das Resultat entsteht durch Aneinanderfügen der „inneren" Collection-Elemente in der Reihenfolge der „äußeren" Collection.	
set<list<T>>	set<T>
set<array<T>>	set<T>
bag<list<T>>	bag<T>
bag<array<T>>	bag<T>
Das Resultat entsteht durch Vereinigung der „inneren" Collection-Elemente nach deren Umwandlung in set<T>- bzw. bag<T>-Typen.	

Tabelle 5.1: Collection-Umwandlungen mit dem Operator flatten

Schließlich kann man mit dem Operator flatten einen Ausdruck a, der einen Collection<Collection<T>>-Typ hat, in eine einzige Collection mit T-Elementen umwandeln. Hierbei werden die „inneren" Collection-Ausdrücke vereinigt oder aneinandergefügt. Die sechzehn Kombinationen der set-, bag-, list- bzw. array-Typen werden nach drei Mustern behandelt, die in Tabelle 5.1 zusammengestellt sind.

Zur Vervollständigung soll hier für jedes Muster dieses eher selten eingesetzten Operators ein Beispiel gegeben werden:

flatten(array(set('v', 'u', 'w'), set('w', 'x', 'y'), set('z'))) liefert als Resultat eine Menge mit den Elementen 'v', 'u', 'w', 'x', 'y', 'z',

flatten(list(array(1, 2, 3), array(3, 4, 5))) hat den Wert array(1, 2, 3, 3, 4, 5), und mit

flatten(set(array(1, 2, 3), array(3, 4, 5, 6))) erhält man die Menge set(1, 2, 3, 4, 5, 6).

5.2.10   Select-Ausdrücke

Fast alle OQL-Anfragen werden als select-Ausdruck formuliert. Im einfachsten Fall haben sie die Form select ... from ..., können aber durch optionale where-, group-by-, having- und order-by-Ausdrücke erweitert werden.

Select-Ausdruck:

select distinct$_{opt}$ *Projektionsattribute* from *Variablen-Deklarationsliste*
Where-Ausdruck$_{opt}$ Group-by-Ausdruck$_{opt}$ Having-Ausdruck$_{opt}$
Order-by-Ausdruck$_{opt}$

select-from-Ausdrücke

Wir behandeln als erstes diejenigen select-Ausdrücke, bei denen lediglich eine Liste von Projektionsattributen und eine Liste von Variablendeklarationen spezifiziert wird:

Projektionsattribute:
    Projektionsliste
    ⋆

Projektionsliste:
    Projektion
    Projektionsliste , Projektion

Projektion:
    Anfrage
    Anfrage as *Bezeichner*
    Bezeichner : *Anfrage*

Variablen-Deklarationsliste:
    Variablendeklaration
    Variablen-Deklarationsliste , Variablendeklaration

Variablendeklaration:
    Anfrage Bezeichner$_{opt}$
    Anfrage as *Bezeichner*

Das Ergebnis der Anfrage in der Variablendeklaration muß einen Collection-Typ haben.

Sofern beide Listen nur ein Element enthalten, hat die Anfrage die Gestalt select a from c x, wobei a ein Anfrage-Ausdruck, c ein Collection-Ausdruck und x ein Variablenname ist. Dieser Variablenname x kann im Anfrage-Ausdruck a verwendet werden – und wird es in der Regel auch. Das Resultat der Anfrage ist ein bag-Ausdruck, der sich durch Anwenden der Anfrage a auf alle Elemente x der Collection c ergibt. Für Beispiel 1 liefert

> select x.name from Kunden x

ein bag-Objekt mit den Namen aller Kunden einer Bank. In allen bisherigen Beispielen haben wir Variablen in der Form deklariert, die der C++-Notation (z.B. double x;) entspricht. Optional kann man das Schlüsselwort as verwenden, d.h. wir hätten ebensogut select x.name from Kunden as x schreiben können. Diese Schreibweise ist für Endanwender, die lediglich die OQL einsetzen, u.U. besser verständlich.

Auch die Deklaration eines Variablennamens ist optional. Wenn wir die Anfrage in der Form select name from Kunden stellen, setzt der OQL-Interpreter einen internen Systemnamen ein, beispielsweise select _$1.name from Kunden _$1. (Auf derartige implizite Namen kann in der Anfrage a nicht explizit zugegriffen werden.) Im folgenden wird hier immer die ausführlichere Schreibweise mit expliziten Variablennamen verwendet.

Nach select kann das Schlüsselwort distinct spezifiziert werden. Die Wirkung ist in allen Fällen – bei dem hier betrachteten einfachen select u from v bis hin zum select u from v where w group by x having y order by z – dieselbe: Das Resultat der Anfrage select distinct ... ist kein bag-, sondern ein set-Ausdruck, den man durch Eliminieren von Duplikaten erhält. Das heißt, select distinct x.name from Kunden x liefert dieselbe Menge wie distinct(select x.name from Kunden x).

Bei vielen Anfragen wird man nicht an einer Menge einzelner Werte, sondern an „komplexeren" Resultaten interessiert sein. Man setzt dann für a einen Konstruktorausdruck aus Abschnitt 5.2.5 ein und schreibt beispielsweise select struct(b1 : a1, b2 : a2, ..., bn : an) from c x. Diese Anfrage liefert als Ergebnis ein bag-Objekt mit Elementen des Typs struct { T1 b1; T2 b2; ...; Tn bn; }, wobei Ti jeweils wieder der Typ des Ausdrucks ai ist. Zum Beispiel:

> select struct(nummer : b.bestellnummer, datum : b.datum,
>   lieferant : b.inAuftragBei.name) from Bestellungen b

Als Ergebnis dieser Anfrage erhalten wir einen bag-Ausdruck, dessen Elemente den Typ struct { d_String nummer; d_Date datum; d_String lieferant; } haben. Die einzelnen Strukturen werden dabei wieder aus den Elementen der nach from spezifizierten Collection, hier also aus der Extension Bestellungen (Beispiel 2) konstruiert.

Eine select-Anfrage kann auch dadurch „komplexer" werden, daß die auf from folgende Liste von Variablendeklarationen mehrere Elemente enthält, die alle einen Collection-Typ haben müssen. Eine Anfrage select a from c1 x1, c2 x2, ..., cm xm wird dann folgendermaßen ausgewertet: Erst werden alle Ausdrücke aus der Liste c1, c2, ..., cm, die nicht vom Typ bag sind, in bag-Ausdrücke umgewandelt. Dann wird das kartesische Produkt der m bags gebildet. Schließlich wird die Anfrage a auf alle Elemente dieses Produkts angewendet und liefert das Resultat. Die Vorgehensweise soll zunächst an einem sehr abstrakten Beispiel erläutert werden. Für die Anfrage

select u + v + w from array(1, 1, 2, 1) u, list(1, 2, 2, 1) v, set(1, 3) w

wird zunächst das 32-elementige Produkt bag(1, 1, 1, 2)×bag(1, 1, 2, 2)×bag(1, 3) gebildet, und als Resultat ergibt sich ein bag-Literal, das sechsmal den Wert 3, je achtmal die Werte 4, 5 und 6 und zweimal den Wert 7 enthält.

Da der gesamte select-Ausdruck Geltungsbereich der Namen der Iteratorvariablen x1, ..., xm ist (siehe 5.2.1), können auch die Collection-Ausdrücke c1, ..., cm in Abhängigkeit von diesen Variablen gebildet werden. Eine derartige Anfrage ist beispielsweise

select struct(name : x.name, ktoBei : z.anschrift)
    from Kunden x, x.istInhaber y, y.wirdGefuehrt z

Sie berechnet eine Zusammenstellung von Kundennamen und der Anschrift der mit der Führung ihrer Konten beauftragten Filialen. Die bag-Elemente haben hier den Typ struct { d_String name; Adresse ktoBei; }.

Wenn als Projektionsattribut einfach * gewählt wird, liefert ein select-Ausdruck das Produkt der in bags konvertierten Ausdrücke c1, c2, ..., cm. Für Beispiel 3 ist etwa

select * from Gaeste g, g.bevorzugt c

eine Anfrage, deren Ergebnis ein bag von Strukturen mit einem Gast-Objekt als erstem Element und einem Cafe-Objekt als zweitem Element ist. Die Strukturen sind somit vom Typ struct { Gast g; Cafe c; }. Wie in allen anderen Fällen wird auch bei select distinct * ..... das bag-Resultat durch Entfernen von Duplikaten in eine Menge umgewandelt.

Bemerkungen

Aus Gründen der Kompatibilität mit SQL kann man strukturierte Werte auch mit der Angabe einer auf select folgenden Liste von Anfrage-Ausdrücken konstruieren. Eine Anfrage hat dann beispielsweise die Gestalt select a1, a2, ..., an from c x. Zum Beispiel:

> select b.bestellnummer, b.datum, b.inAuftragBei.name
> from Bestellungen b

Diese Anfrage erzeugt einen bag-Ausdruck mit Elementen des Typs struct { d_String bestellnummer; d_Date datum; d_String name; }. Die Werte der Datenelemente sind dieselben wie bei der Anfrage von S. 160.

Wenn die Namen der Datenelemente (bestellnummer, datum, name) der Struktur nicht wie im obigen Beispiel aus a1, a2, ..., an abgeleitet werden können, muß die in der zweiten oder dritten Alternative der *Projektion*-Regel angeführte Syntax mit der expliziten Angabe von Bezeichnern benutzt werden. Dies ist immer dann der Fall, wenn a1, a2, ..., an nicht Pfadausdrücke sind, die mit dem Bezeichner einer Objektcharakteristik (also eines Attributs, einer Objektbeziehung oder einer Methode) enden. Für Beispiel 2 wäre daher die folgende Anfrage nicht korrekt:

> select b->bestellnummer, count(b->positionen)
> from Bestellungen b   // Fehler

Der Typ der im gewünschten bag-Resultat enthaltenen Elemente ist zwar feststellbar als struct mit einem d_String- und einem d_Long-Datenelement. Und auch der Name bestellnummer des ersten Datenelements liegt fest. Die Anzahl der Positionen, aus denen eine Bestellung besteht muß aber noch bezeichnet werden. Zum Beispiel:

> select b->bestellnummer, count(b->positionen) as umfang
> from Bestellungen b

Damit ist ein d_Bag<struct { d_String bestellnummer; d_Long umfang; }> Resultat der Anfrage. Anstelle von count(b->positionen) as umfang kann man bei gleicher Semantik auch umfang : count(b->positionen) schreiben.

select-from-where-**Ausdrücke**

Im Anschluß an die Variablen-Deklarationsliste kann ein select-Ausdruck mit einem
where-Ausdruck versehen werden.

Where-Ausdruck:
    where *Anfrage*

Der auf where folgende Ausdruck muß vom Typ boolean sein. Bei der Auswertung
einer select-Anfrage tritt er als Bedingung auf: select a from c1 x1, c2 x2, ...,
cm xm where b wird bis zur Bestimmung des zu c1, . . . , cm gehörenden bag-Produkts
wie bisher behandelt. Vor Anwendung der Anfrage a werden jetzt aber sämtliche nicht
der Bedingung b genügenden Elemente entfernt – das bag-Zwischenergebnis wird mit
der Bedingung „gefiltert".

    select * from Gaeste g, g.bevorzugt c where exists(g.werte)

In diesem Beispiel wird das Ergebnis der Anfrage auf diejenigen Strukturen reduziert,
bei denen der Gast g mindestens eine Wertung abgegeben hat.

    select distinct
        Tab(filiale : fil->nummer, kto : kto->kontonummer, stand : kto->kontostand)
        from Kunden kd, kd->istInhaber kto, kto->wirdGefuehrt fil
        where kto->kontostand < -10000.0 and kd->bonitaet >= 5

Hier wird eine Menge von Tab-Objekten erzeugt. Die Schemainformation für den
Typ Tab muß bereits in der Datenbank vorliegen.

Der group-by-**Operator**

Mit dem optionalen Zusatz group by kann man das Ergebnis einer select-from- oder
select-from-where-Anfrage nach dem Wert eines oder mehrerer Ausdrücke zerlegen.

Group-by-Ausdruck:
    group by *Partitionsattribute*

Partitionsattribute:
    Bezeichner : Anfrage
    Partitionsattribute , Bezeichner : Anfrage

Wir beginnen mit dem einfachsten Fall eines einzelnen Partitionsattributs. Die Anfrage hat dann eine der Formen

    select a from c1 x1, c2 x2, ..., cm xm group by b1 : a1
    select a from c1 x1, c2 x2, ..., cm xm where b group by b1 : a1

Das Ergebnis einer solchen Anfrage ist immer eine Menge von Strukturen mit zwei
Datenelementen. Das erste Datenelement heißt b1 und hat jeweils den Wert des
Partitionsattributs a1. Als zweites Element folgt ein bag mit denjenigen Resultaten
der einfachen (ungruppierten) select-from- oder select-from-where-Anfrage, die diesen Wert liefern, wenn man a1 auf sie anwendet. Formal wird die Ergebnismenge in
insgesamt fünf Schritten bestimmt:

1. Ausdrücke aus der Liste c1, c2, ..., cm, die nicht vom Typ bag sind, werden
   in bag-Ausdrücke umgewandelt.

2. Das kartesische Produkt der m bags wird gebildet, und alle nicht der Bedingung
   b genügenden Elemente werden aus diesem Produkt entfernt.

3. Auf die verbliebenen Elemente dieses bags wird a1 angewandt, Alle Elemente,
   für die a1 denselben Wert ergibt, werden in ein eigenes bag-Objekt gruppiert.
   Das ursprüngliche bag-Produkt wird auf diese Weise zerlegt.

4. Die Werte von a1 und die zugehörigen Zerlegungs-bags werden zu Instanzen
   einer Struktur des Typs struct { T1 b1; P partition; } zusammengefaßt, wobei
   T1 der Typ von a1 ist und P für den Typ des aus c1, c2, ..., cm gebilde-
   ten bag-Produkts steht. Das zweite Datenelement wird vom OQL-Interpreter
   standardmäßig mit dem Namen partition versehen.

5. Auf die partition-Werte dieser Strukturen wird a angewandt, und als Resultat der
   Anfrage ergibt sich eine Menge von Werten des Typs struct { T1 b1; d_Bag<T>
   partition; } mit T als Typ von a. Im Fall select distinct ist das zweite Datenelement partition eine Menge d_Set<T>.

Als erstes, einfaches Beispiel betrachten wir die Anfrage

    select 5*y from list(1, 2, -1, 2, 3, -2, -2, 1) y group by quadrat : y*y

Nach den ersten drei Schritten haben sich die drei Literale bag(1, -1, 1), bag(2, 2, -2,
-2) und bag(3) ergeben. Mit Schritt 4 erhalten wir entsprechend drei Strukturen mit den

Werten (1, bag(1, -1, 1)), (4, bag(2, 2, -2, -2)) und (9, bag(3)). Als Endergebnis liefert
Schritt 5 mit der Berechnung von 5*y schließlich die Menge mit den drei Elementen
(1, bag(5, -5, 5)), (4, bag(10, 10, -10, -10)) und (9, bag(15)). Diese Elemente sind
vom Typ struct { d_Long quadrat; d_Bag<d_Long> partition; }.

> select b.berechneGesamtbetrag from Bestellungen b group by datum : b.datum

Ohne den group-by-Ausdruck resultiert hier ein Literal des Typs d_Bag<d_Double>,
das die Rechnungsbeträge aller Bestellungen enthält.

Durch den Zusatz group by datum : b.datum werden die verschiedenen Datumsanga-
ben aller Bestellungen festgestellt und an jedes Datum werden sämtliche an diesem
Datum verursachten Rechnungsbeträge als bag angefügt. Die Anfrage hat somit den
Typ d_Set<struct { d_Date datum; d_Bag<d_Double> partition; }>.

> select distinct struct(nummer : kto.kontonummer, bei : kto.wirdGefuehrt.anschrift)
> from Konten kto group by nr : kto.wirdGefuehrt.nummer

Ohne das group by nr : ... ergibt sich bei diesem Beispiel ein Resultat des Typs
d_Set<struct { d_ULong nummer; Adresse bei; }>. Aufgrund der Gruppierung werden nun zunächst die Nummern der Filialen, bei denen die Konten (kto) geführt werden, ermittelt und die Kontenmenge wird entsprechend zerlegt. Schließlich wird zu
jeder Filialnummer die Menge der Kontonummern und Filialanschriften hinzugefügt.
Wir erhalten somit ein Ergebnis des Typs d_Set<struct { d_UShort nr; d_Set<struct
{ d_ULong nummer; Adresse bei; }> partition; }>. Für partition ergibt sich ein set-
und kein bag-Wert, weil hier select distinct eingesetzt wurde.

Wenn zwei Partitionsattribute angegeben sind, d.h. im Fall select a from ..... group
by b1 : a1, b2 : a2 wird die mit a1 erzeugte Gruppierung mit a2 weiter zerlegt. Das
Ergebnis ist jetzt eine Menge von Strukturen mit drei Datenelementen. Das erste
Datenelement hat jeweils den Wert des Partitionsattributs a1, das zweite den von
a2, und als drittes Element folgt ein wieder bag mit den Resultaten, die man durch
Anwendung von a auf die Elemente der mit a1 und a2 erzeugten Zerlegungsmengen
erhält. Die Namen der Datenelemente sind b1, b2 und partition. Zum Beispiel:

> select b.berechneGesamtbetrag from Bestellungen b
> group by datum : b.datum, lieferant : b.inAuftragBei.name

Wegen des ersten Attributs datum : b.datum werden die Bestellungen in Mengen
gleichen Bestelldatums zerlegt. Mit lieferant : b.inAuftragBei.name wird dann wei-

ter zerlegt in Mengen mit gleichen Lieferanten. Schließlich werden die entsprechenden Rechnungsbeträge berechnet und die Anfrage hat als Ergebnis eine Menge d_Set<struct { d_Date datum; d_String lieferant; d_Bag<d_Double> partition; }>.

```
select distinct kto.kontonummer from Konten kto
    group by soll : kto.kontostand < 0.0, haben : kto.kontostand >= 0.0
```

Da die Partitionsattribute bei diesem Beispiel Vergleichsausdrücke sind, erhalten wir ein d_Set<struct { d_Boolean soll; d_Boolean haben; d_Set<d_ULong> partition; }>-Resultat. Diese Menge enthält nur zwei Elemente, weil bei den ersten beiden Datenelementen nur die Wertepaare (true, false) oder (false, true) auftreten können. Strukturen mit einem leeren partition-Element werden nicht in die Ergebnismenge aufgenommen.

Entsprechend wird bei einer Liste mit k Partitionsattributen verfahren. Es wird der Reihe nach mit a1, a2, ..., ak zerlegt, und das Anfrageergebnis ist eine Menge von Werten des Typs struct { T1 b1; T2 b2; ...; Tk bk; d_Bag<T> partition; }.

having-Ausdrücke

Ein having-Ausdruck kann nur nach einem group-by-Ausdruck stehen.

Having-Ausdruck:
    having *Anfrage*

Seine Wirkung ist vergleichbar mit der eines where-Ausdrucks. Auch der auf having folgende Ausdruck muß vom Typ boolean sein. Während mit where jedoch Bedingungen bezüglich der Iteratorvariablen formuliert werden und damit die Bildung der zu zerlegenden Mengen beeinflußt werden kann (Schritt 2, S. 164), stellt man mit having Bedingungen an die Datenelemente partition, die ein select ... group by ... erzeugt. Die auf having folgende Anfrage kann dazu auf alle Partitionsattribute zugreifen und darüber hinaus Aggregatfunktionen, die die partition-Elemente benutzen, aufrufen.

Der Typ des select-Resultats ändert sich dadurch nicht – es werden aber im Anschluß an Schritt 4 alle Strukturen aus der Menge entfernt, für die der having-Ausdruck nicht true liefert. Zum Beispiel:

```
select g->bevorzugt->name from Gaeste g group by alter : g->alter
    having count(partition) >= 3
```

Aus der Menge der nach dem Alter ihrer Stammgäste gruppierten Cafénamen sind
jetzt diejenigen bag-Literale gestrichen, die nicht mindestens drei Namen enthalten. d_Set<struct { d_UShort alter; d_Bag<d_String> partition; }> ist der Typ des
Ergebnisses.

In einem select-Ausdruck schließen sich where und having keineswegs aus. Bei der
Anfrage

> select 5*y from list(1, 2, -1, 2, 3, -2, -2, 1) y where y > -2
>> group by quadrat : y*y having quadrat < 5

erhält man nach Schritt 1 und 2 das Zwischenergebnis bag(1, 2, -1, 2, 3, 1). Schritt 3
liefert bag(1, -1, 1), bag(2, 2) und bag(3). Mit Schritt 4 ergeben sich daraus drei
Strukturen mit den Werten (1, bag(1, -1, 1)), (4, bag(2, 2)) und (9, bag(3)). Wegen
der having-Bedingung wird (9, bag(3)) gestrichen, und als Endergebnis erhalten wir
die Menge { (1, bag(5, -5, 5)), (4, bag(10, 10)) }. Der Typ des Resultats ist wieder
d_Set<struct { d_Short quadrat; d_Bag<d_Short> partition; }>.

Für Beispiel 2 könnt man die folgende Anfrage formulieren:

> select struct(datum : b.datum, betrag : b.berechneGesamtbetrag)
>> from Bestellungen b where b.bestellnummer like "1-*"
>> group by datum : b.datum
>> having avg(select p.berechneGesamtbetrag from partition p) >= 1000.0

Nach Auswertungsschritt 4, S. 164, erhalten wir Strukturen des Typs struct { d_Date
datum; d_Bag<Bestellung> partition; } – wobei die partition-Elemente alle eine mit
"1-" beginnende Bestellnummer tragen (where) und nach übereinstimmendem Bestelldatum klassifiziert sind (group by). Durch den having-Ausdruck werden dann in
Schritt 5 nur noch Gruppierungen weiter betrachtet, denen ein mittlerer Gesamtrech-
nungsbetrag von mindestens 1000 DM entspricht.

order-by-**Ausdrücke**

Jede der behandelteten Formen einer select-Anfrage kann mit einem order-by-Ausdruck abgeschlossen werden, um das Anfrageergebnis nach bestimmten Kriterien zu
sortieren:

> *Order-by-Ausdruck:*
>> order by *Kriterienliste*

Kriterienliste:

   Anfrage Anordnung$_{opt}$

   Kriterienliste , Anfrage Anordnung$_{opt}$

Anordnung:

   asc

   desc

Durch select ... from ... order by a1, a2, ..., al wird das bag- oder set-Resultat, das sich ohne den order-by-Ausdruck ergeben würde, in eine Liste umgewandelt. Diese Liste wird nach den Werten von a1, dann nach den Werten von a2 usw. sortiert. Dazu muß jeder Ausdruck ai der Anfrageliste einen Typ Ti haben, für den die Vergleichsoperatoren (Abschnitt 5.2.3) definiert sind. Zum Beispiel:

   select distinct x from Kunden x order by x.name

Die Anfrage sortiert alle Kunde-Objekte nach ihren Namen und liefert sie als Ergebnis des Typs d_List<Kunde>.

Mit dem Zusatz asc bzw. desc kann spezifiziert werden, ob in aufsteigender („ascending") oder absteigender („descending") Reihenfolge zu sortieren ist. Fehlt diese Angabe, so wird aufsteigend sortiert. Im obigen Beispiel werden mit

   select x from Kunden x order by x.name, x.bonitaet desc

Kunden gleichen Namens mit absteigenden Bonitätswerten in die Kundenliste aufgenommen.

Kombinationen von OQL-Ausdrücken

Zum Abschluß dieses Abschnitts soll nochmals darauf hingewiesen werden, daß alle Anfrageresultate als Operand sämtlicher OQL-Operatoren verwendet werden können, solange die Typen der Operanden korrekt sind. Dadurch wird die Formulierung komplexerer Anfragen, beispielsweise

   select distinct y.istInhaber from
      (select x from Kunden x where x.anschrift.ort = "Mannheim") y

möglich. Die Lesbarkeit von Anfragen, in denen mehrere select-Ausdrücke ineinander verschachtelt sind und in denen u.U. group-by- und having-Ausdrücke vorkommen, kann durch die Benennung von Zwischenergebnissen mit einer Anfragedefinition define ... as ...; sehr erleichtert werden.

5.3 C++-OQL

Alle in Abschnitt 5.2 behandelten OQL-Ausdrücke können auch direkt in C++-Programmen ausgewertet werden. Die C++-OML stellt hierzu eine Klasse d_OQL_Query zur Verfügung, in deren Objekten eine OQL-Anfrage konstruiert werden kann. Über die Parameterausdrücke aus Abschnitt 5.2.1 sind auch laufzeitabhängige Werte in die Anfrage einbringbar. Dazu passend ist eine globale Funktion d_oql_execute() definiert, die die Anfrage auswertet. Darüber hinaus enthält auch die Klasse d_Collection vier Elementfunktionen, mit denen einfache select-Anfragen bearbeitet werden können.

In allen Fällen wird die Anfrage als Zeichenkette übergeben, d.h. beim Übersetzen des Programms findet keine OQL-Syntaxprüfung statt. Bei fehlerhaft formulierten Anfragen werden deshalb zur Laufzeit d_Error-Objekte ausgeworfen.

5.3.1 Die Klasse d_OQL_Query

Bevor eine Anfrage mittels d_oql_execute() ausgewertet werden kann, muß für sie ein d_OQL_Query-Objekt erzeugt werden. Die Klasse ist wie folgt definiert:

```
class d_OQL_Query {
public:
    d_OQL_Query();
    d_OQL_Query(const char*);
    d_OQL_Query(const d_String&);
    d_OQL_Query(const d_OQL_Query&);
    ~d_OQL_Query();
    d_OQL_Query& operator=(const d_OQL_Query&);
    friend d_OQL_Query& operator<<(d_OQL_Query&, const char*);
    friend d_OQL_Query& operator<<(d_OQL_Query&, const d_String&);
    friend d_OQL_Query& operator<<(d_OQL_Query&, d_Short);
    friend d_OQL_Query& operator<<(d_OQL_Query&, d_Long);
    friend d_OQL_Query& operator<<(d_OQL_Query&, d_UShort);
    friend d_OQL_Query& operator<<(d_OQL_Query&, d_ULong);
    friend d_OQL_Query& operator<<(d_OQL_Query&, d_Float);
    friend d_OQL_Query& operator<<(d_OQL_Query&, d_Double);
    friend d_OQL_Query& operator<<(d_OQL_Query&, d_Char);
    friend d_OQL_Query& operator<<(d_OQL_Query&, d_Octet);
```

```
    friend d_OQL_Query& operator<<(d_OQL_Query&, d_Boolean);
    friend d_OQL_Query& operator<<(d_OQL_Query&, const d_Date&);
    friend d_OQL_Query& operator<<(d_OQL_Query&, const d_Time&);
    friend d_OQL_Query& operator<<(d_OQL_Query&, const d_Timestamp&);
    friend d_OQL_Query& operator<<(d_OQL_Query&, const d_Interval&);
    template<class T> friend d_OQL_Query&
        operator<<(d_OQL_Query&, const d_Ref<T>&);
    template<class T> friend d_OQL_Query&
        operator<<(d_OQL_Query&, const d_Collection<T>&);
    .....
};
```

Im einfachsten Fall wird ein d_OQL_Query-Objekt mit einer Zeichenkette initialisiert, die den auszuwertenden OQL-Ausdruck enthält. Zum Beispiel:

```
d_OQL_Query q("'o' in \"ODMG\"");
```

Die Deklaration der zur Auswertung zu benutzenden Funktion d_oql_execute() ist:

```
template<class R> void d_oql_execute(d_OQL_Query& query, R& result);
```

Für das Beispiel kann man daher den Aufruf

```
d_Boolean res;
d_oql_execute(q, res);
```

einsetzen und erhält in res das Ergebnis false. Im Normalfall wird das Query-Objekt eine select-Anfrage enthalten, die möglicherweise laufzeitabhängig variiert werden soll. Dazu verwendet man innerhalb der Zeichenkette die Anfrage-Parameter $1, $2, ... und fügt die konkreten Werte mit dem Operator << in das Query-Objekt ein. $1 wird dann mit dem ersten Argument initialisiert, $2 mit dem zweiten usw. – beispielsweise

```
    .....
    d_Ref<d_Set<d_Ref<Bestellung> > > best = db.lookup_object("Bestellungen");
    d_OQL_Query x("select b from $1 b where b.bestellnummer like $2"
        " and b.berechneGesamtbetrag >= $3");
    x << *best << "1-*" << 1500.0;
    d_Bag<d_Ref<Bestellung> > ergebnis;
    d_oql_execute(x, ergebnis);
```

Beim Auswerten dieser Anfrage wird $1 mit der Menge *best, $2 mit der Zeichenkette "1-*" und $3 mit dem d_Double-Wert 1500.0 initialisiert.

Falls vor dem Aufruf von d_oql_execute() nicht für jeden Anfrage-Parameter mittels << ein Wert bereitgestellt wurde, wird zur Laufzeit eine Ausnahme des Typs d_Error_QueryParameterCountInvalid ausgeworfen; wenn die Argumente nicht vom richtigen Typ sind oder die Anfrage anderweitig falsch formuliert ist, wird eine d_Error_QueryParameterTypeInvalid-Ausnahme ausgeworfen.

Nach einem d_oql_execute()-Aufruf sind die Initialisierungen der Parameter $1, $2, ... gelöscht. Das Anfrageobjekt kann jedoch, nach erneuter Bereitstellung eines Werts für jeden Anfrage-Parameter, in weitere Aufrufe benutzt werden. Zum Beispiel:

```
x << *best << "2-*" << 5000.0;
d_oql_execute(x, ergebnis);
```

Für eine OQL-Implementation ist es dadurch möglich, eine bereits untersuchte, optimierte und übersetzte Anfrage wiederzuverwenden.

Bei der Definition der Variablen, die der Funktion d_oql_execute() beim Aufruf als zweites Argument übergeben wird, um den Parameter result zu initialisieren, ist zu beachten, daß sie den Typ d_Ref<T> bzw. d_Collection<d_Ref<T> > haben muß, wenn die Anfrage ein T-Objekt bzw. mehrere T-Objekte liefert. Ist das Ergebnis der Anfrage dagegen ein T-Literal, muß der Typ T benutzt werden. Dies trifft gleichermaßen für atomare, strukturierte oder Collection-Typen T zu. Auch diese Typprüfung kann erst zur Laufzeit erfolgen:

```
d_Date dat;
d_OQL_Query y("element(select b from $1 b"
   " where b.bestellnummer = \"3-634521\")");
d_OQL_Query z("Bestellung(bestellnummer : \"0-657729\", datum : $1)");
y << *best;
z << dat;
d_Ref<Bestellung> b1, b2;
d_oql_execute(y, b1);
d_oql_execute(z, b2);
```

Ist die erste Anfrage erfolgreich, so referenziert b1 das persistente Objekt mit der Bestellnummer "3-634521". Durch die zweite Anfrage wird ein neues Bestellung-Objekt konstruiert. Das ODBMS führt dabei implizit die Anweisung b2 = new Bestellung aus.

Zur Konstruktion einer Struktur verfährt man beispielsweise wie folgt:

```
d_OQL_Query anf("struct(preis : 89.9, name : \"Kabel\")");
struct PundN { d_Double preis; d_String name; };
PundN anfRes;
d_oql_execute(anf, anfRes);
```

Hier könnten wir auch einen unbenannten Typ verwenden und struct { d_Double preis; d_String name; } anfRes; schreiben.

Sofern ein d_OQL_Query-Objekt mittels Zuweisungsoperator oder Copy-Konstruktor kopiert wird, werden auch alle gegebenenfalls durch << übergebenen Parameterwerte mit kopiert.

Wenn, wie in den letzten Beispielen, bei der Konstruktion von Query-Objekten mehrere aufeinanderfolgende Zeichenketten verwendet werden, weil es sich um längere Anfragen handelt, muß darauf geachtet werden, daß die einzelnen Anfrageausdrücke durch Leerzeichen getrennt sind:

```
d_OQL_Query x("select a from X a"
    "where a.wert >= 5.5");
.....
d_oql_execute(x, res); // Laufzeitfehler: select a from X awhere ...
```

5.3.2 Anfragen mit der d_Collection-**Klasse**

In Abschnitt 4.4.7 (S. 95) hatten wir gesehen, daß OQL-Anfragen auch mit den Elementfunktionen select_element(), select(), query() und exists_element() der parametrisierten Klasse d_Collection<T> innerhalb von C++-Programmen gestellt werden können.

Bei allen vier Funktionen ist die mögliche Anfrage ein Spezialfall von der auf S. 163 besprochenen Form select a from c x where b: Es wird jeweils der Ausdruck select * from c this where b ausgewertet, wobei die Elementfunktionen für das d_Collection<T>-Objekt c aufgerufen werden und die Parameter OQL_predicate mit der als Zeichenkette übergebenen Bedingung b initialisiert werden. In b kann mit dem Namen this auf das gerade untersuchte Element von c zugegriffen werden; dieser Bezeichner wurde in Anlehnung an den C++-this-Zeiger gewählt.

Die Elementfunktion select_element()

Ein Aufruf c.select_element(b) liefert das gleiche Resultat wie der Konversionsausdruck element(select * from c this where b). Zum Beispiel:

```
d_Ref<d_Set<d_Ref<Konto> > > konten = db.lookup_object("Konten");
d_Ref<Konto> kto = konten->select_element("this.kontonummer = 301662");
```

Im Erfolgsfall ergibt sich eine Referenz auf das gesuchte Konto als Funktionswert. Wenn es kein Konto mit der Nummer 301662 gibt oder die Datenbank mehrere Objekte mit dieser Kontonummer enthält, wird eine d_Error_QueryParameterTypeInvalid-Ausnahme ausgeworfen.

Die Elementfunktion select()

Der Funktionsaufruf c.select(b) erzeugt einen Iterator des Typs d_Iterator<T> für das Resultat der OQL-Anfrage select * from c this where b. Beispielsweise ist die Variable it nach den Anweisungen

```
d_Ref<d_Varray<d_Ref<Gast> > > gaeste = db.lookup_object("Gaeste");
d_Iterator<d_Ref<Gast> > it = gaeste->select("exists(this.werte)");
```

ein Iterator über die Gast-Objekte, die mindestens eine Wertung abgegeben haben.

Die Elementfunktion query()

Wenn res denselben Collection-Typ wie c hat, entspricht ein Aufruf c.query(res, b) der Anfragedefinition define res as select * from c this where b;. Als Funktionswert wird dabei true zurückgegeben, wenn es sich bei der Anfragedefinition um einen korrekten OQL-Ausdruck handelt.

```
d_Ref<d_Set<d_Ref<Kunde> > > kunden = db.lookup_object("Kunden");
d_Bag<d_Ref<Kunde> > > ma;
if (kunden->query(ma, "this->anschrift->ort = \"Mannheim\""))
    ..... ;   // Zugriff auf ma
```

Wie zu Beginn von Abschnitt 5.2 wird hier ein d_Bag-Objekt mit allen Mannheimer Kunden bestimmt.

Die Elementfunktion exists_element()

Mittels c.exists_element(b) kann man feststellen, ob exists(select * from c this where
b) den Wert true hat; in diesem Fall ist auch der Funktionswert true. Ansonsten hat
der Aufruf den Wert false. Zum Beispiel:

```
d_Ref<d_Set<d_Ref<Bestellung> > > best = db.lookup_object("Bestellungen");
d_Boolean limit =
    best->exists_element("this->berechneGesamtbetrag >= 10000.0");
```

Der Aufruf exists_element() wirft wie select() und select_element() eine Ausnahme
des Typs d_Error_QueryParameterTypeInvalid aus, wenn der entsprechende Anfrage-
Ausdruck fehlerhaft ist.

5.4   C++-OQL-Beispiel

Wir greifen ein letztes Mal auf Beispiel 3 zurück und setzen hier voraus, daß mit dem
Programm aus Abschnitt 4.5 bereits verschiedene Gast-, Cafe- und Wertung-Objekte
erzeugt wurden. (Die Klassendefinitionen findet man in Abschnitt 4.3 ab S. 67.)

```
#include <kaffee.h>
#include <iostream.h>

int main() {
    try {
        d_Database db;
        db.open("kaffee");
        d_Transaction t;
        t.begin();
        d_Ref<d_Varray<d_Ref<Gast> > > gaeste = db.lookup_object("Gaeste");
        d_OQL_Query q1("max(select w.punkte from $1 g, g.werte w "
            "where exists(g.werte))");
        q1 << *gaeste;
        d_UShort maxPunkte;
        d_oql_execute(q1, maxPunkte);
        cout << "Name des Cafes? " << flush;
        d_Char caf[100];
```

```
        cin.getline(caf, 100);
        d_OQL_Query q2("select distinct g from $1 g, g.werte w "
            "where $2 in w.punkte and g.bevorzugt.name = $3");
        d_Set<d_Ref<Gast> > selGaeste;
        q2 << *gaeste << maxPunkte << caf;
        d_oql_execute(q2, selGaeste);
        cout << "\nDie maximale Punktzahl " << maxPunkte << " hat Cafe "
            << caf << " von folgenden Stammgaesten erhalten: \n";
        if (selGaeste.cardinality() != 0) {
            d_Iterator<d_Ref<Gast> > it = selGaeste.create_iterator();
            d_Ref<Gast> rg;
            while (it.next(rg))
                cout << rg->name() << endl;
        }
        t.commit();
        db.close();
    }
    catch(d_Error& d_error) {
        cout << "\nODMG-Fehler:  " << d_error.get_kind()
            << "\nBeschreibung: " << d_error.what() << endl;
    }
    return 0;
}
```

Das Programm bestimmt zunächst die maximale Punktzahl, die von allen Gast-Objekten abgegeben wurde. Danach wird der Name eines Cafés gelesen und die Namen derjenigen Gäste ausgegeben, die dieses Café bevorzugen und ihm die höchste Punktewertung gegeben haben.

5.5 Übungsaufgaben

1. Eine Datenbank enthalte die Schemainformation der Klassen aus Abbildung 5.1. Die Markierung *geordnet* an den Beziehungen zeigt an, daß die verbundenen Objekte geordnet werden können, d.h. die Objektverbindungen wurden mittels d_Rel_List<Kunde, ...> bzw. d_List<d_Ref<Produkt> > oder d_Varray<d_Ref<Produkt> > realisiert.

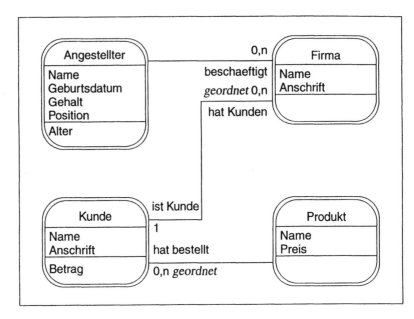

Abbildung 5.1: Analyse/Designmodell für Übungsaufgabe 1

Für jede Klasse sei bereits eine Anzahl von persistenten Objekten erzeugt, und die folgenden Einstiegspunkte seien definiert: Angestellte und Firmen als Namen der entsprechenden Extensionen sowie SciCom als Name eines bestimmten Firma-Objekts.

(a) Schreiben Sie eine Anfrage, die diejenigen Angestellten der Firma SciCom ermittelt, die ein Gehalt von mehr als 3200 DM verdienen.

(b) Schreiben Sie eine Anfrage, die die Menge der Gehälter derjenigen SciCom-Angestellten liefert, die in der Position "Systementwickler" beschäftigt sind.

(c) Schreiben Sie eine Anfrage, die diejenigen Angestellten der Firma SciCom ermittelt, die denselben Namen wie ein SciCom-Kunde haben.

(d) Schreiben Sie eine Anfrage, die die Namen der Produkte bestimmt, die die SciCom-Kunden namens "Schneider" oder "Schneyder" bestellt haben.

(e) Schreiben Sie eine Anfrage, die für alle SciCom-Angestellten eine Zusammenstellung ihres Namens, ihrer Position und ihres Gehalts liefert.

(f) Schreiben Sie eine Anfrage, die für alle SciCom-Angestellten, die als Systementwickler arbeiten und älter als 24 Jahre sind, die Namen und Gehälter ermittelt.

(g) Schreiben Sie eine Anfrage, mit der man feststellt, ob bei SciCom Ange-stellte namens "Maier", "Mayer", "Meier" oder "Meyer" beschäftigt sind.

(h) Schreiben Sie eine Anfrage, die die Namen derjenigen Firmen liefert, die mindestens einen Angestellten beschäftigen, der jünger als 18 Jahre ist.

(i) Schreiben Sie eine Anfrage, die die SciCom-Angestellten in Gehaltsgrup-pen unterteilt und die verschiedenen Gehälter, jeweils zusammen mit den entsprechenden Angestellten, als Ergebnis hat.

(j) Verändern Sie die letzte Anfrage, so daß nur noch Gruppen mit einem Gehalt von mindestens 4000 DM bestimmt werden.

(k) Schreiben Sie eine Anfrage, mit der das mittlere Gehalt aller Systement-wickler berechnet wird.

(l) Schreiben Sie eine Anfrage, die alle Firmen mit Sitz in Hamburg und mindestens 100 Angestellten bestimmt. Die Anschrift einer Firma habe den Typ Adresse mit strasse, nr, plz und ort.

(m) Schreiben Sie eine Anfrage, die den Preis des teuersten Produkts ermittelt, das von den in Mannheim wohnenden SciCom-Kunden bestellt ist.

(n) Schreiben Sie eine Anfrage, die eine Liste der Angestellten der Firma namens "Mauser AG" liefert. Die Liste soll nach Namen und Alter sortiert sein.

(o) Schreiben Sie eine Anfrage, die die Menge aller Kunden ermittelt. Das Resultat soll den Typ set<Kunde> haben. (Hinweis: Benutzen Sie den Operator flatten.)

(p) Schreiben Sie eine Anfrage, mit der alle SciCom-Kunden mit mehr als zwei Bestellungen, sortiert nach dem bestellten Betrag, bestimmt werden. Das Resultat soll nur den Kundennamen und den Betrag liefern.

2. Geben Sie für alle Anfragen der letzten Aufgabe eine Formulierung in der C++-OQL an.

3. Bestimmen Sie das Resultat der Anfrage

```
select u + v + w from array(1, 1, 2, 1) u, list(1, 2, 2, 1) v, set(1, 3) w
    group by produkt : u*v*w
```

(Siehe das Beispiel auf S. 161.)

4. Schreiben Sie ein C++-OQL-Programm für Beispiel 3, das den Namen eines Cafés einliest und die Menge der Gäste, die es bevorzugen und für dieses Café auch eine Punktewertung abgegeben haben, bestimmt. In einer weiteren Anfrage soll die Menge nach den für das bevorzugte Café vergebenen Punkten sortiert werden. Hierbei kann vorausgesetzt werden, daß das bevorzugte Café jeweils die höchste vergebene Punktewertung erhalten hat. Geben Sie schließlich für die resultierende Liste die Gastnamen unter Verwendung eines d_Iterators aus.

5. Schreiben Sie eine C++-OML-Version des Beispiels aus Abschnitt 5.4 und vergleichen Sie den erforderlichen Aufwand.

Anhang A

Lösungen zu den Übungsaufgaben

2.1
```
#include <set.h>
#include <iostream.h>
using namespace std;

class GiroKto {
public:
    GiroKto() { _alleGiroKonten.insert(this); }
    ~GiroKto() { _alleGiroKonten.erase(this); }
    void kontonummer(unsigned long int k) { _kontonummer = k; }
    unsigned long int kontonummer() const { return _kontonummer; }
    static set<GiroKto*, less<GiroKto*> >& alleGiroKonten() {
        return _alleGiroKonten;
    }
private:
    static set<GiroKto*, less<GiroKto*> > _alleGiroKonten;
    unsigned long int _kontonummer;
};

set<GiroKto*, less<GiroKto*> > GiroKto::_alleGiroKonten;

bool operator==(const GiroKto& k1, const GiroKto& k2)
    { return k1.kontonummer() == k2.kontonummer(); }

bool operator<(const GiroKto& k1, const GiroKto& k2)
    { return k1.kontonummer() < k2.kontonummer(); }
```

```
void anzeigen() {
    cout << "\nMenge aller Konten";
    for (set<GiroKto*, less<GiroKto*> >::iterator
            it = GiroKto::alleGiroKonten().begin();
                it != GiroKto::alleGiroKonten().end(); ++it)
        cout << "\nKonto " << (*it)->kontonummer();
    cout << endl;
}
```

```
int main() {
    GiroKto kto1, kto2, kto3;
    kto1.kontonummer(300001);
    kto2.kontonummer(300002);
    kto3.kontonummer(300001);  // wird so nicht entdeckt
    anzeigen();
    return 0;
}
```

2.2
```
bool vorbedingung(unsigned long int k) {
    for (set<GiroKto*, less<GiroKto*> >::iterator
        it = GiroKto::alleGiroKonten().begin();
            it != GiroKto::alleGiroKonten().end(); ++it)
        if ((*it)->kontonummer() == k)
            return false;
        return true;
}
```

```
void GiroKto::kontonummer(unsigned long int k) {
    if (!vorbedingung(k)) {
        cout << "Konto " << k << " existiert bereits" << endl;
        _kontonummer = 0;  // besser Ausnahme auswerfen
    } else
        _kontonummer = k;
}
```

2.3
```
#include <map.h>
#include <iostream.h>
using namespace std;
```

```
class Produkt { /* ... siehe Aufgabentext */ };

bool operator==(const Produkt& p1, const Produkt& p2) {
    return p1.bezeichnung() == p2.bezeichnung();
}

bool operator<(const Produkt& p1, const Produkt& p2) {
    return p1.bezeichnung() < p2.bezeichnung();
}

map<char*, Produkt*, less<char*> > objectNames;

void set_object_name(Produkt& theObject, char* theName) {
    objectNames.insert(pair<char* const, Produkt*>(theName, &theObject));
}

Produkt* lookup_object(char* name) {
    return objectNames[name];
}

int main() {
    Produkt p1("ODBS", 10000.0);
    Produkt p2("ODL-Parser", 1200.0);
    Produkt p3("OQL", 7200.0);
    set_object_name(p1, "erstes Produkt");
    set_object_name(p2, "zweites Produkt");
    Produkt* zp = lookup_object("erstes Produkt");
    if (zp != 0)
        cout << zp->bezeichnung() << " " << zp->preis() << endl;
    zp = lookup_object("zweites Produkt");
    if (zp != 0)
        cout << zp->bezeichnung() << " " << zp->preis() << endl;
    return 0;
}
```

3.1 interface Filiale;
interface Kunde;
interface Filialleiter;

```
struct Adresse { string strasse; short nr; long plz; string ort; };

interface Person {
    attribute string name;
    attribute Adresse anschrift;
};

interface Konto (extent Konten key kontonummer) {
    attribute unsigned long kontonummer;
    attribute double kontostand;
    relationship Filiale wirdGefuehrt inverse Filiale::fuehrt;
    relationship set<Kunde> istKto inverse Kunde::istInhaber;
    void einzahlung(in double betrag);
    // oder Konto einzahlung(in double betrag);
    // damit mehrfach verkettet aufgerufen werden kann
    void auszahlung(in double betrag);
    void jahresabschluss();
};

interface Bank {
    attribute string name;
    attribute Adresse anschrift;
    attribute unsigned long blz;
    relationship list<Filiale> betreut inverse Filiale::gehoertZu;
};

interface Filiale (extent Filialen) {
    attribute unsigned short nummer;
    attribute Adresse anschrift;
    relationship list<Konto> fuehrt inverse Konto::wirdGefuehrt;
    relationship Filialleiter wirdGeleitet inverse Filialleiter::leitet;
    relationship Bank gehoertZu inverse Bank::betreut;
};

interface Kunde : Person (extent Kunden) {
    attribute short bonitaet;
    relationship list<Konto> istInhaber inverse Konto::istKto;
```

```
        void mitteilung(inout string text);
};


interface Filialleiter : Person {
        attribute enum Status { vorstand, handlung, kasse } vollmacht;
        relationship Filiale leitet inverse Filiale::wirdGeleitet;
};


interface FestgeldKto : Konto {
        attribute double habenZins;
        attribute unsigned short restLaufzeit;
        void zinsgutschrift();
        void jahresabschluss();
};


interface GiroKto : Konto {
        attribute double sollZins;
        attribute double kreditLimit;
        void quartalsabrechnung();
        void jahresabschluss();
};

3.2  module Kaffee {
        interface Cafe;

        interface Wertung {
                attribute Cafe cafe;
                attribute unsigned short punkte;
        };


        interface Gast {
                attribute string name;
                attribute unsigned short alter;
                attribute set<Wertung> werte;
                relationship Cafe bevorzugt inverse Cafe::wirdBevorzugt;
                void aenderung(in Wertung w);
        };
```

```
interface Cafe {
    attribute string name;
    attribute unsigned long telNummer;
    relationship set<Gast> wirdBevorzugt inverse Gast::bevorzugt;
    };
};
```

4.2 // C++-Header

```
extern const char _fuehrt[], _istInhaber[], _gehoertZu[], _leitet[], _betreut[],
    _istKto[], _wirdGeleitet[], _wirdGefuehrt[];

class Filiale; class Kunde; class Filialleiter;

struct Adresse {
    d_String strasse; d_UShort nr; d_ULong plz; d_String ort;
};

class Person : public virtual d_Object {
public:
    virtual ˜Person() = 0;
    Adresse anschrift;
    d_String name;
};

class Konto : public virtual d_Object {
public:
    virtual ˜Konto() = 0;
    d_ULong kontonummer;
    d_Double kontostand;
    d_Rel_Ref<Filiale, _fuehrt> wirdGefuehrt;
    d_Rel_Set<Kunde, _istInhaber> istKto;
    void einzahlung(d_Double betrag);
    void auszahlung(d_Double betrag);
    virtual void jahresabschluss();
};

class Bank : public virtual d_Object {
public:
```

```
        d_String name;
        Adresse anschrift;
        d_ULong blz;
        d_Rel_List<Filiale, _gehoertZu> betreut;
};


class Filiale : public virtual d_Object {
public:
        d_UShort nummer;
        Adresse anschrift;
        d_Rel_List<Konto, _wirdGefuehrt> fuehrt;
        d_Rel_Ref<Filialleiter, _leitet> wirdGeleitet;
        d_Rel_Ref<Bank, _betreut> gehoertZu;
};


class Kunde : public Person {
public:
        d_Short bonitaet;
        d_Rel_List<Konto, _istKto> istInhaber;
        void mitteilung(d_String& text);
};


class Filialleiter : public Person {
public:
        enum status { vorstand, handlung, kasse };
        status vollmacht;
        d_Rel_Ref<Filiale, _wirdGeleitet> leitet;
};


class FestgeldKto : public Konto {
public:
        d_Double habenZins;
        d_UShort restLaufzeit;
        void zinsgutschrift();
        void jahresabschluss();
};
```

```
class GiroKto : public Konto {
public:
    d_Double sollZins;
    d_Double kreditLimit;
    void quartalsabrechnung();
    void jahresabschluss();
};
```

```
// C++-Implementation
const char _fuehrt[] = "fuehrt", _istInhaber[] = "istInhaber", _istKto[] = "istKto",
    _gehoertZu[] = "gehoertZu", _leitet[] = "leitet", _betreut[] = "betreut",
    _wirdGeleitet[] = "wirdGeleitet", _wirdGefuehrt[] = "wirdGefuehrt";
```

```
Person::~Person() { }
Konto::~Konto() { }
// ... restliche Elementfunktionen
```

4.3 // C++-Header
```
    class Lieferant;
    class Position;
    class Produkt;
```

```
    class Bestellung : public d_Object {
    public:
        Bestellung(const d_String& = "", d_Date& = d_Date());
        void bestellnummer(const d_String& b) { _bestellnummer = b; }
        const d_String& bestellnummer() const { return _bestellnummer; }
        void datum(const d_Date& d) { _datum = d; }
        const d_Date& datum() const { return _datum; }
        d_List<d_Ref<Position> >& positionen() { return _positionen; }
        void inAuftragBei(const d_Ref<Lieferant>& l) { _inAuftragBei = l; }
        const d_Ref<Lieferant>& inAuftragBei() const { return _inAuftragBei; }
        double berechneGesamtbetrag() const;
    private:
        d_String _bestellnummer;
        d_Date _datum;
        d_List<d_Ref<Position> > _positionen;
```

```
        static const char _wickeltAb[];
        d_Rel_Ref<Lieferant, _wickeltAb> _inAuftragBei;
};

class Lieferant : public d_Object {
public:
    struct Adresse {
        d_String strasse; d_UShort nr; d_ULong plz; d_String ort;
    };
    Lieferant(const d_String&, Adresse);
    void name(const d_String& n) { _name = n; }
    const d_String& name() const { return _name; }
    void anschrift(const Adresse& a) { _anschrift = a; }
    const Adresse& anschrift() const { return _anschrift; }
    d_Set<d_Ref<Bestellung> >& wickeltAb() { return _wickeltAb; }
private:
    d_String _name;
    Adresse _anschrift;
    static const char _inAuftragBei[];
    d_Rel_Set<Bestellung, _inAuftragBei> _wickeltAb;
};

class Position : public d_Object {
public:
    Position(d_UShort = 0, d_ULong = 0);
    double berechneBetrag() const;
    void nummer(d_UShort n) { _nummer = n; }
    d_UShort nummer() const { return _nummer; }
    void menge(d_Long m) { _menge = m; }
    d_ULong menge() const { return _menge; }
    void bestellt(const d_Ref<Produkt>& b) { _bestellt = b; }
    const d_Ref<Produkt>& bestellt() const { return _bestellt; }
private:
    d_UShort _nummer;
    d_ULong _menge;
    d_Ref<Produkt> _bestellt;
};
```

```
class Produkt : public d_Object {
public:
    Produkt(const d_String& = "", d_Double = 0.0);
    void bezeichnung(const d_String& b) { _bezeichnung = b; }
    const d_String& bezeichnung() const { return _bezeichnung; }
    void preis(d_Double p) { _preis = p; }
    d_Double preis() const { return _preis; }
private:
    d_String _bezeichnung;
    d_Double _preis;
};
```

```
// C++-Implementation
Bestellung::Bestellung(const d_String& b, d_Date& d)
    : _bestellnummer(b), _datum(d) { }

Lieferant::Lieferant(const d_String& n, Adresse a) : _name(n), _anschrift(a) { }

Position::Position(d_UShort n, d_ULong m) { _nummer = n; _menge = m; }

Produkt::Produkt(const d_String& b, d_Double p)
    : _bezeichnung(b) { _preis = p; }

const char Bestellung::_wickeltAb[] = "wickeltAb";
const char Lieferant::_inAuftragBei[] = "inAuftragBei";

double Position::berechneBetrag() const { return _menge*_bestellt->preis(); }

double Bestellung::berechneGesamtbetrag() const {
    double betrag = 0.0;
    d_Iterator<d_Ref<Position> > it = _positionen.create_iterator();
    d_Ref<Position> rp;
    while (it.next(rp))
        betrag += rp->berechneBetrag();
    return betrag;
}
```

4.5
```
void drucke(const d_Collection<d_Ref<Kunde> >& coll) {
    if (coll.is_empty())
        return;
    d_Iterator<d_Ref<Kunde> > it = coll.create_iterator();
    d_Ref<Kunde> rk;
    while (it.next(rk))
        if (!rk.is_null())
            cout << rk->name << '\n'
                << rk->anschrift.strasse << ' ' << rk->anschrift.nr << '\n'
                << rk->anschrift.plz << ' ' << rk->anschrift.ort << '\n' << endl;
}
```

4.6
```
class Filialleiter : public Person {
    friend ostream& operator<<(ostream&, const d_Ref<Filialleiter>&);
    .....
};

// restliche Klassen analog


ostream& operator<<(ostream& os, const d_Ref<Filialleiter>& l) {
    os << l->name << " leitet Filiale ";
    if (!l->leitet)
        os << '-' << endl;
    else
        os << l->leitet->nummer << endl;
    return os;
}

ostream& operator<<(ostream& os, const d_Ref<Filiale>& f) {
    os << "Filiale " << f->nummer << " wird geleitet von ";
    if (f->wirdGeleitet.is_null())
        os << '-' << endl;
    else
        os << f->wirdGeleitet->name << endl;
    os << "Filiale " << f->nummer << " fuehrt Konten ";
    if (f->fuehrt.cardinality() == 0)
        os << '-' << endl;
```

```
    else {
        d_Iterator<d_Ref<Konto> > it = f->fuehrt.create_iterator();
        d_Ref<Konto> rk;
        while (it.next(rk))
            os << rk->kontonummer << '\t';
        os << endl;
    }
    return os;
}


ostream& operator<<(ostream& os, const d_Ref<Kunde>& k) {
    os << "Kunde " << k->name << " ist Inhaber von ";
    if (k->istInhaber.cardinality() == 0)
        os << '-' << endl;
    else {
        d_Iterator<d_Ref<Konto> > it = k->istInhaber.create_iterator();
        d_Ref<Konto> rk;
        while (it.next(rk))
            os << rk->kontonummer << '\t';
        os << endl;
    }
    return os;
}


ostream& operator<<(ostream& os, const d_Ref<Konto>& k) {
    os << "Konto " << k->kontonummer << " wird gefuehrt bei Filiale ";
    if (!k->wirdGefuehrt)
        os << '-' << endl;
    else
        os << k->wirdGefuehrt->nummer << endl;
    os << "Konto " << k->kontonummer << " hat Inhaber ";
    if (k->istKto.cardinality() == 0)
        os << '-' << endl;
    else {
        d_Iterator<d_Ref<Kunde> > it = k->istKto.create_iterator();
        d_Ref<Kunde> rk;
```

```
            while (it.next(rk))
                os << rk->name << '\t';
            os << endl;
        }
        return os;
    }

4.13 void zeigeGaeste(d_Ref<d_Set<d_Ref<Gast> > >& gaeste) {
        cout << "\nAlle Gaeste\n===========" << endl;
        d_Iterator<d_Ref<Gast> > it = gaeste->create_iterator();
        for (d_ULong nr = 0; nr < gaeste->cardinality(); nr++) {
            d_Ref<Gast> rg = it++.get_element();
            cout << "Gast " << nr + 1 << " :\t" << rg->name() << '\t'
                << rg->alter() << endl;
        }
    }


    void zeigeCafes(d_Ref<d_Set<d_Ref<Cafe> > >& cafes) {
        cout << "\nAlle Cafes\n==========" << endl;
        d_Iterator<d_Ref<Cafe> > it = cafes->create_iterator();
        for (d_ULong nr = 0; nr < cafes->cardinality(); nr++) {
            d_Ref<Cafe> rc = it++.get_element();
            cout << "Cafe " << nr + 1 << " :\t" << rc->name() << '\t'
                << rc->telNummer() << endl;
        }
    }


    d_Ref<Gast> waehleGast(d_Ref<d_Set<d_Ref<Gast> > >& gaeste) {
        zeigeGaeste(gaeste);
        d_ULong g;
        do {
            cout << "\nWelcher Gast? ";
            cin >> g;
        } while (g < 1 || g > gaeste->cardinality());
        d_Iterator<d_Ref<Gast> > it = gaeste->create_iterator();
        for (d_ULong i = 0; i < g - 1; i++)  ++it;
        return it.get_element();
    }
```

```
d_Ref<Cafe> waehleCafe(d_Ref<d_Set<d_Ref<Cafe> > >& cafes) {
    zeigeCafes(cafes);
    d_ULong c;
    do {
        cout << "\nWelches Cafe? ";
        cin >> c;
    } while (c < 1 || c > cafes->cardinality());
    d_Iterator<d_Ref<Cafe> > it = cafes->create_iterator();
    for (d_ULong i = 0; i < c - 1; i++)
        ++it;
    return it.get_element();
}


void vorzug(d_Ref<d_Set<d_Ref<Gast> > >& gaeste,
        d_Ref<d_Set<d_Ref<Cafe> > >& cafes) {
    d_Ref<Gast> rg = waehleGast(gaeste);
    d_Ref<Cafe> rc = waehleCafe(cafes);
    rg->mark_modified();
    rg->bevorzugt(rc);
}


void wertung(d_Ref<d_Set<d_Ref<Gast> > >& gaeste,
        d_Ref<d_Set<d_Ref<Cafe> > >& cafes) {
    d_Ref<Gast> rg = waehleGast(gaeste);
    d_Ref<Cafe> rc = waehleCafe(cafes);
    cout << "\nAnzahl der Punkte? ";
    d_UShort p;
    cin >> p;
    d_Ref<Wertung> w = new(&db, "Wertung") Wertung(rc, p);
    rg->mark_modified();
    rg->aenderung(w);
}


void anzeige(d_Ref<d_Set<d_Ref<Gast> > >& gaeste,
        d_Ref<d_Set<d_Ref<Cafe> > >& cafes) {
    zeigeCafes(cafes);
```

```
        if (gaeste->cardinality()) {
            cout << "\nGaeste und ihre Wertungen"
                    "\n==========================" << endl;
            d_Iterator<d_Ref<Gast> > it = gaeste->create_iterator();
            d_Ref<Gast> rg;
            while (it.next(rg)) {
                cout << rg->name() << ' ' << rg->alter() << '\n';
                d_Iterator<d_Ref<Wertung> > it = rg->werte().create_iterator();
                d_Ref<Wertung> wertung;
                while (it.next(wertung))
                    cout << '\t' << wertung->cafe->name()
                            << '\t' << wertung->punkte << endl;
                if (!rg->bevorzugt().is_null())
                    cout << "\tbevorzugt " << rg->bevorzugt()->name() << endl;
            }
        }
    }
```

// In allen anderen Funktionen noch d_Varray durch d_Set ersetzen

5.1 (a) select x from SciCom.beschaeftigt x where x.gehalt > 3200.0

    (b) select distinct x.gehalt from SciCom.beschaeftigt x
        where x.position = "Systementwickler"

    (c) select x from SciCom.beschaeftigt x, SciCom.hatKunden y
        where x.name = y.name

    (d) select distinct z.name from SciCom.hatKunden y, y.hatBestellt z
        where y.name like "Schne?der"

    (e) select struct(name : x.name, position : x.position, gehalt : x.gehalt)
        from SciCom.beschaeftigt x

    (f) select struct(name : x.name, gehalt : x.gehalt) from SciCom.beschaeftigt x
        where x.position = "Systementwickler" and x.alter > 24

    (g) exists(select x from SciCom.beschaeftigt x
        where x.name in ("Maier", "Mayer", "Meier", "Meyer"))

    (h) select x.name from Firmen x
        where exists y in x.beschaeftigt : y.alter < 18

(i) select x from SciCom.beschaeftigt x group by gehalt : x.gehalt

(j) select x from SciCom.beschaeftigt x group by gehalt : x.gehalt
    having gehalt >= 4000.0

(k) avg(select x.gehalt from Angestellte x
    where x.position = "Systementwickler")

(l) select x from Firmen x where x.anschrift.ort = "Hamburg" and
    count(x.beschaeftigt) >= 100

(m) max(select y.preis from
    (select x.hatBestellt from SciCom.hatKunden x
    where x.anschrift.ort = "Mannheim") y)

(n) define Mauser as element(select x from Firmen x
    where x.name = "Mauser AG");
    select y from Mauser.beschaeftigt y order by y.name, y.alter

(o) flatten(select x.hatKunden from Firmen x)

(p) select struct(name : x.name, betrag : x.betrag)
    from SciCom.hatKunden x where
    count(select y from x.hatBestellt y) > 2
    order by x.betrag

5.3 Resultat ist eine Menge mit den Werten (1, bag(3, 3, 3, 3, 3, 3)), (2, bag(4, 4, 4, 4, 4, 4, 4, 4)), (3, bag(5, 5, 5, 5, 5, 5)), (4, bag(5, 5)), (6, bag(6, 6, 6, 6, 6, 6, 6, 6)), (12, bag(7, 7)).

5.4 .....

```
gaeste = db.lookup_object("Gaeste");
cout << "Name: " << flush;
d_Char n[100];
cin.getline(n, 100);
d_OQL_Query p("select distinct g from $1 g, g.werte w"
    " where g.bevorzugt.name = $2 and $2 in w.cafe.name");
p << *gaeste << n;
d_Set<d_Ref<Gast> > res1;
d_oql_execute(p, res1);
d_List<d_Ref<Gast> > res2;
d_OQL_Query q("select g from $1 g order by max(g.werte.punkte)");
q << res1;
```

```
d_oql_execute(q, res2);
d_Iterator<d_Ref<Gast> > it = res2.create_iterator();
d_Ref<Gast> g;
while (it.next(g))
    cout << g.name() << endl;
.....
```

Anhang B

Die ODL-Syntaxregeln

Spezifikation:
    Definition
    Definition Spezifikation

Definition:
    Modul ;
    Interface ;
    Konstantendeklaration ;
    Typdeklaration ;
    Ausnahmedeklaration ;

Modul:
    module *Bezeichner* { *Spezifikation* }

Interface:
    Interface-Deklaration
    Forward-Deklaration

Interface-Deklaration:
    Interface-Kopf Persistenz-Deklaration$_{opt}$ { *Interface-Rumpf*$_{opt}$ }

Persistenz-Deklaration:
    : persistent
    : transient

Forward-Deklaration:
    interface *Bezeichner*

Interface-Kopf:
  interface *Bezeichner Vererbungsspezifikation*$_{opt}$ *Typeigenschaften*$_{opt}$

Typeigenschaften:
  (*Extensionsspezifikation*$_{opt}$ *Schlüsselspezifikation*$_{opt}$)

Extensionsspezifikation:
  extent *Bezeichner*

Schlüsselspezifikation:
  key *Schlüssel*
  keys *Schlüsselliste*

Schlüsselliste:
  Schlüssel
  Schlüsselliste , Schlüssel

Schlüssel:
  Eigenschaftsname
  (*Eigenschaftsliste*)

Eigenschaftsliste:
  Eigenschaftsname
  Eigenschaftsliste , Eigenschaftsname

Eigenschaftsname:
  Bezeichner

Interface-Rumpf:
  Export
  Export Interface-Rumpf

Export:
  Konstantendeklaration ;
  Typdeklaration ;
  Attributdeklaration ;
  Beziehungsdeklaration ;
  Ausnahmedeklaration ;
  Methodendeklaration ;

Vererbungsspezifikation:
  : *Name*
  Vererbungsspezifikation , Name

Name:

> *Bezeichner*
> :: *Bezeichner*
> *Name* :: *Bezeichner*

Konstantendeklaration:

> const *Const-Typ Bezeichner* = *Const-Ausdruck*

Const-Typ:

> *Ganzzahliger-Typ*
> *Zeichentyp*
> *Boolescher-Typ*
> *Gleitpunkttyp*
> *Zeichenkettentyp*
> *Name*

Const-Ausdruck:

> *Oder-Ausdruck*

Oder-Ausdruck:

> *Exklusiv-Oder-Ausdruck*
> *Oder-Ausdruck* | *Exklusiv-Oder-Ausdruck*

Exklusiv-Oder-Ausdruck:

> *Und-Ausdruck*
> *Exklusiv-Oder-Ausdruck* ˆ *Und-Ausdruck*

Und-Ausdruck:

> *Shift-Ausdruck*
> *Und-Ausdruck* & *Shift-Ausdruck*

Shift-Ausdruck:

> *Additiver-Ausdruck*
> *Shift-Ausdruck* >> *Additiver-Ausdruck*
> *Shift-Ausdruck* << *Additiver-Ausdruck*

Additiver-Ausdruck:

> *Multiplikativer-Ausdruck*
> *Additiver-Ausdruck* + *Multiplikativer-Ausdruck*
> *Additiver-Ausdruck* - *Multiplikativer-Ausdruck*

Multiplikativer-Ausdruck:
    Einstelliger-Ausdruck
    Multiplikativer-Ausdruck * *Einstelliger-Ausdruck*
    Multiplikativer-Ausdruck / *Einstelliger-Ausdruck*
    Multiplikativer-Ausdruck % *Einstelliger-Ausdruck*

Einstelliger-Ausdruck:
    Einstelliger-Operator Elementarer-Ausdruck
    Elementarer-Ausdruck

Einstelliger-Operator: eins von
    - + ~

Elementarer-Ausdruck:
    Name
    Literalkonstante
    (*Const-Ausdruck*)

Literalkonstante:
    Ganzzahlige-Konstante
    Zeichenkettenkonstante
    Zeichenkonstante
    Gleitpunktkonstante
    Boolesche-Konstante

Boolesche-Konstante:
    true
    false

Typdeklaration:
    typedef *Typdeklarator*
    Strukturtyp
    Aufzählungstyp
    Union-Typ

Typdeklarator:
    Typspezifizierer Deklaratorliste

Typspezifizierer:
    Einfacher-Typspezifizierer
    Konstruierter-Typspezifizierer

Einfacher-Typspezifizierer:
    Basis-Typspezifizierer
    Parametrisierter-Typspezifizierer
    Name

Basis-Typspezifizierer:
    Gleitpunkttyp
    Ganzzahliger-Typ
    Zeichentyp
    Boolescher-Typ
    Octet-Typ
    Any-Typ

Parametrisierter-Typspezifizierer:
    Feldtyp
    Zeichenkettentyp

Konstruierter-Typspezifizierer:
    Strukturtyp
    Aufzählungstyp
    Union-Typ

Deklaratorliste:
    Deklarator
    Deklaratorliste , Deklarator

Deklarator:
    Einfacher-Deklarator
    Komplexer-Deklarator

Einfacher-Deklarator:
    Bezeichner

Komplexer-Deklarator:
    Feld-Deklarator

Gleitpunkttyp:
    float
    double

Zeichentyp:
    char

Ganzzahliger-Typ:
   long
   short
   unsigned long
   unsigned short

Boolescher-Typ:
   boolean

Octet-Typ:
   octet

Any-Typ:
   any

Strukturtyp:
   struct *Bezeichner* { *Elementfolge* }

Elementfolge:
   Element
   Elementfolge Element

Element:
   Typspezifizierer Deklaratorliste ;

Union-Typ:
   union *Bezeichner* switch (*Switch-Typspezifizierer*) { *Switch-Rumpf* }

Switch-Typspezifizierer:
   Ganzzahliger-Typ
   Zeichentyp
   Boolescher-Typ
   Aufzählungstyp
   Name

Switch-Rumpf:
   Case
   Case Switch-Rumpf

Case:
   Case-Markenfolge Elementspezifizierer ;

Case-Markenfolge:
    Case-Marke
    Case-Markenfolge Case-Marke

Case-Marke:
    case *Const-Ausdruck* :
    default :

Elementspezifizierer:
    Typspezifizierer Deklarator

Aufzählungstyp:
    enum *Bezeichner* { *Enumeratorliste* }

Enumeratorliste:
    Enumerator
    Enumeratorliste , Enumerator

Enumerator:
    Bezeichner

Feldtyp:
    array < *Einfacher-Typspezifizierer* >
    array < *Einfacher-Typspezifizierer , Positive-Int-Konstante* >

Positive-Int-Konstante:
    Const-Ausdruck

Zeichenkettentyp:
    string
    string < *Positive-Int-Konstante* >

Feld-Deklarator:
    Bezeichner Größenfolge

Größenfolge:
    Feldgröße
    Größenfolge Feldgröße

Feldgröße:
    [*Positive-Int-Konstante*]

Attributdeklaration:
    readonly$_{opt}$ attribute *Wertebereich Attributname Feldgröße*$_{opt}$

Attributname:
   Bezeichner

Wertebereich:
   Einfacher-Typspezifizierer
   Strukturtyp
   Aufzählungstyp
   Collection-Spezifizierer < *Bezeichner* >

Collection-Spezifizierer: eins von
   set   list   bag   array

Beziehungsdeklaration:
   relationship *Verbindungsziel Bezeichner Invers-Deklaration*
         Ordnungsdeklaration$_{opt}$

Verbindungsziel:
   Bezeichner
   Verbindungs-Collection-Typ < *Bezeichner* >

Verbindungs-Collection-Typ:
   set
   list

Invers-Deklaration:
   inverse *Inverser-Verbindungsweg*

Inverser-Verbindungsweg:
   Bezeichner :: *Bezeichner*

Ordnungsdeklaration:
   { order_by *Attributliste* }

Attributliste:
   Name
   Attributliste , Name

Ausnahmedeklaration:
   exception *Bezeichner* { *Elementfolge$_{opt}$* }

Methodendeklaration:
   oneway$_{opt}$ *Fkt-Wert-Spezifikation Bezeichner* (*Parameterliste$_{opt}$*)
         Ausnahmeausdruck$_{opt}$ Kontextausdruck$_{opt}$

Fkt-Wert-Spezifikation:
    Einfacher-Typspezifizierer
    void

Parameterliste:
    Parameterdeklaration
    Parameterliste , Parameterdeklaration

Parameterdeklaration:
    Parameterattribut Einfacher-Typspezifizierer Deklarator

Parameterattribut: eins von
    in   out   inout

Ausnahmeausdruck:
    raises (*Namensliste*)

Namensliste:
    Name
    Namensliste , Name

Kontextausdruck:
    context (*Zeichenkettenliste*)

Zeichenkettenliste:
    Zeichenkettenkonstante
    Zeichenkettenliste , Zeichenkettenkonstante

Anhang C

Die OQL-Syntaxregeln

Anfrageprogramm:
 Anfrage-Definitionsfolge$_{opt}$ Anfrage

Anfrage-Definitionsfolge:
 Anfrage-Definition
 Anfrage-Definitionsfolge Anfrage-Definition

Anfrage-Definition:
 define *Bezeichner* as *Anfrage* ;

Anfrage:
 Basisausdruck
 Einfacher-Ausdruck
 Vergleichsausdruck
 Boolescher-Ausdruck
 Konstruktorausdruck
 Zugriffsausdruck
 Collection-Ausdruck
 Mengenausdruck
 Konversionsausdruck
 Select-Ausdruck

Basisausdruck:
 nil
 true
 false
 Ganzzahlige-Konstante

Gleitpunktkonstante
Zeichenkonstante
Zeichenkettenkonstante
Einstiegspunkt-Name
Anfrage-Name
Iterator-Variablenname
Anfrage-Parameter
(*Anfrage*)

Einfacher-Ausdruck:
- *Anfrage*
abs (*Anfrage*)
Anfrage + *Anfrage*
Anfrage - *Anfrage*
Anfrage * *Anfrage*
Anfrage / *Anfrage*
Anfrage mod *Anfrage*
Anfrage || *Anfrage*

Vergleichsausdruck:
Anfrage Vergleichsoperator Anfrage
Anfrage like *Zeichenkettenkonstante*

Vergleichsoperator: eins von
=   !=   >   <   >=   <=

Boolescher-Ausdruck:
not *Anfrage*
Anfrage and *Anfrage*
Anfrage or *Anfrage*

Konstruktor-Ausdruck:
Typname (*Bezeichner-Anfrage-Liste*)
Typname (*Anfrage$_{opt}$*)
struct (*Bezeichner-Anfrage-Liste*)
set (*Anfrageliste$_{opt}$*)
bag (*Anfrageliste$_{opt}$*)
array (*Anfrageliste$_{opt}$*)
list (*Anfrageliste$_{opt}$*)

list*opt* (*Anfrage* .. *Anfrage*)
(*Anfrage* , *Anfrageliste*)

Bezeichner-Anfrage-Liste:
  Bezeichner : *Anfrage*
  Bezeichner-Anfrage-Liste , *Bezeichner* : *Anfrage*

Anfrageliste:
  Anfrage
  Anfrageliste , *Anfrage*

Zugriffsausdruck:
  Anfrage . *Bezeichner*
  Anfrage -> *Bezeichner*
  Anfrage . *Bezeichner* (*Anfrageliste*$_{opt}$)
  Anfrage -> *Bezeichner* (*Anfrageliste*$_{opt}$)
  * *Anfrage*
  Anfrage [*Anfrage*]
  Anfrage [*Anfrage* : *Anfrage*]
  first (*Anfrage*)
  last (*Anfrage*)
  Bezeichner (*Anfrageliste*$_{opt}$)

Collection-Ausdruck:
  for all *Bezeichner* in *Anfrage* : *Anfrage*
  exists *Bezeichner* in *Anfrage* : *Anfrage*
  exists (*Anfrage*)
  unique (*Anfrage*)
  Anfrage in *Anfrage*
  Anfrage *Vergleichsoperator Quantifizierer Anfrage*
  sum (*Anfrage*)
  min (*Anfrage*)
  max (*Anfrage*)
  avg (*Anfrage*)
  count (*Anfrage*)
  count (*)

Quantifizierer: eins von
  some   any   all

Mengenausdruck:

    Anfrage union *Anfrage*

    Anfrage intersect *Anfrage*

    Anfrage except *Anfrage*

Konversionsausdruck:

    element (*Anfrage*)

    distinct (*Anfrage*)

    (*Bezeichner*) *Anfrage*

    listtoset (*Anfrage*)

    flatten (*Anfrage*)

Select-Ausdruck:

    select distinct$_{opt}$ *Projektionsattribute* from *Variablen-Deklarationsliste*

        Where-Ausdruck$_{opt}$ Group-by-Ausdruck$_{opt}$ Having-Ausdruck$_{opt}$

        Order-by-Ausdruck$_{opt}$

Projektionsattribute:

    Projektionsliste

    *

Projektionsliste:

    Projektion

    Projektionsliste , Projektion

Projektion:

    Anfrage

    Anfrage as *Bezeichner*

    Bezeichner : *Anfrage*

Variablen-Deklarationsliste:

    Variablendeklaration

    Variablen-Deklarationsliste , Variablendeklaration

Variablendeklaration:

    Anfrage Bezeichner$_{opt}$

    Anfrage as *Bezeichner*

Where-Ausdruck:

    where *Anfrage*

Group-by-Ausdruck:

    group by *Partitionsattribute*

Partitionsattribute:

    Bezeichner : *Anfrage*

    Partitionsattribute , *Bezeichner* : *Anfrage*

Having-Ausdruck:

    having *Anfrage*

Order-by-Ausdruck:

    order by *Kriterienliste*

Kriterienliste:

    Anfrage Anordnung$_{opt}$

    Kriterienliste , *Anfrage Anordnung$_{opt}$*

Anordnung:

    asc

    desc

Die Tabelle C.1 enthält die OQL-Operatoren mit ihren Prioritäten. Sofern die Auswertungsreihenfolge nicht durch Klammern vorgegeben ist, werden Operatoren mit höherer Priorität vor Operatoren mit niedrigerer Priorität angewandt.

Priorität	Operator	Priorität	Operator
18	[], ., ->, () (Klammern um Ausdrücke)	17	not, -
16	in	15	*, /, mod, intersect
14	+, -, union, except, ||	13	<, <=, >, >=
12	=, !=, like	11	and, exists, for all
10	or	9	.., :
8	,	7	() (Typkonversion)
6	order	5	having
4	group by	3	where
2	from	1	select

Tabelle C.1: Die Operatorprioritäten der OQL

Literaturverzeichnis

Cattell, R. G. (1994). *Object Data Management: Object-Oriented and Extended Relational Database Systems (Rev. ed.).* Addison-Wesley. Reading, Massachusetts u.a.

Cattell, R. G. (Hrsg.) (1996). *The Object Database Standard: ODMG-93 Release 1.2.* Morgan Kaufmann. San Francisco, California.

Coad, P., D. North und M. Mayfield (1995). *Object Models: Strategies, Patterns, and Applications.* Yourdon Press. Englewood Cliffs, New Jersey.

Heuer, A. (1992). *Objektorientierte Datenbanken.* Addison-Wesley. Bonn, München.

Kemper, A. und G. Moerkotte (1994). *Object-oriented Database Management: Applications in Engineering and Computer Science.* Prentice-Hall. Englewood Cliffs, New Jersey.

Lausen, G. und G. Vossen (1996). *Objektorientierte Datenbanken: Modelle und Sprachen.* Oldenbourg-Verlag. München, Wien.

Loomis, M. (1995). *Object Databases: The Essentials.* Addison-Wesley. Reading, Massachusetts u.a.

OMG (1996a). *The Common Object Request Broker: Architecture and Specification, Revision 2.0.* The Object Management Group. Framingham, Massachusetts.

OMG (1996b). *CORBAservices: Common Object Services Specification.* The Object Management Group. Framingham, Massachusetts.

Schader, M. und M. Rundshagen (1996). *Objektorientierte Systemanalyse (2. Aufl.).* Springer-Verlag. Berlin u.a.

Schader, M. und S. Kuhlins (1996). *Programmieren in C++ (4. Aufl.).* Springer-Verlag. Berlin u.a.

Index

H. Österle

Business Engineering. Prozeß- und Systementwicklung

Band 1: Entwurfstechniken

2. verb. Aufl. 1995. XVI, 375 S. 193 Abb. Brosch.
DM 49,80; öS 363,60; sFr 44,50
ISBN 3-540-60048-5

Business Engineering liefert Modelle und Techniken zur Transformation der Unternehmen. Es zeigt, welche Chancen die Informationstechnik eröffnet und wie ein Unternehmen diese Chancen in effektive und effiziente Abläufe umsetzt. Der Prozeß als neues Modell der Organisation verbindet die Geschäftsstrategie mit dem Informationssystem und wird so zur Drehscheibe neuer unternehmerischer Lösungen.

H. Österle, C. Brenner, C. Gaßner, T. Gutzwiller, T. Hess

Business Engineering. Prozeß- und Systementwicklung

Band 2: Fallbeispiel

2. Aufl. 1996. XII, 174 S. 70 Abb. Brosch.
DM 32,80; öS 239,50 sFr 29,50
ISBN 3-540-60694-7

H. Österle **VIDEO**

Business Engineering. Prozeß- und Systementwicklung

1995. VHS-Video mit Spielszenen, Schaubildern, Interviews und Kommentaren, Animation und Trick. Laufzeit: 26'11". DM 85,-*
ISBN 3-540-92627-5

* Unverbindliche Preisempfehlung zzgl. 15% MwSt.
In anderen EU-Ländern zzgl. landesüblicher MwSt.

In enger Zusammenarbeit mit deutschen und schweizerischen Unternehmen erstellt, sind Probleme und der Stand der Praxis in Lösungen umgesetzt. Sehr verständlich und anschaulich aufbereitet, führt das Video in das komplexe Themengebiet des Business Engineering ein. Die Grundbegriffe werden anhand praktischer Beispiele dargestellt.

Preisänderungen vorbehalten.

A.-W. Scheer

Wirtschaftsinformatik. Studienausgabe

Referenzmodelle für industrielle Geschäftsprozesse

1995. XX, 780 S., 559 Abb. Brosch. **DM 75,-;**
öS 547,50; sFr 66,- ISBN 3-540-60046-9

Vom Vorstandsbeschluß bis zur praktischen Reorganisation von Geschäftsprozessen ist es ein langer Weg. Zur konkreten Umsetzung neuer Organisationskonzepte durch Einsatz der Informationsverarbeitung gibt dieses Buch dem Studenten, Anwender und Wissenschaftler wertvolle Hilfestellungen. Insgesamt wird ein umfassendes Unternehmensmodell entwickelt, das dem Geschäftsprozeßeigner als Referenzmodell für seine konkreten Anwendungen im Industriebetrieb dient.

M. Lusti

Dateien und Datenbanken

Eine anwendungsorientierte Einführung

3., vollst. überarb. u. erw. Aufl. 1997. XII, 365 S.
48 Abb., 92 Tab. Brosch. **DM 49,80**; öS 363,60;
sFr 44,50 ISBN 3-540-61763-9

Schwerpunkte dieses anwendungsbezogenen Lehrbuchs sind der Entwurf und die Abfrage von Datenbanken in Anwendersprachen. Ein Fallbeispiel in MS Access verdeutlicht die Anwendungsentwicklung in prozeduralen Datenbanksprachen der 4. Generation. Anschließend werden Client/Server-, verteilte und objektorientierte Datenbanksysteme diskutiert.

■ ■ ■ ■ ■ ■ ■ ■ ■ ■

Springer

Springer-Verlag, Postfach 31 13 40, D-10643 Berlin, Fax 0 30 / 8 27 87 - 3 01 / 4 48   e-mail: orders@springer.de   tmBA96.10.28

P. Stahlknecht

Einführung in die Wirtschaftsinformatik

7., vollst. überarb. u. erw. Aufl. 1995. XIII, 567 S.
178 Abb. Brosch. **DM 34,-**; öS 248,20; sFr 30,50
ISBN 3-540-59101-X

Arbeitsbuch Wirtschaftsinformatik

Unter Mitarbeit von **F. Hohmann, S. Küchler, N. Ruske, M. Sawhney**

2., aktualisierte u. erw. Aufl. 1996. X, 333 S.
74 Abb. Brosch. **DM 29,90**; öS 218,30; sFr 27,-
ISBN 3-540-61331-5

P. Mertens, F. Bodendorf, W. König, A. Picot, M. Schumann

Grundzüge der Wirtschaftsinformatik

4., verb. Aufl. 1996. XII, 215 S. 75 Abb. Brosch.
DM 24,-; öS 175,20; sFr 21,50
ISBN 3-540-61247-5

Ausgangspunkt dieses Buches ist der Personal Computer mit seiner Hard- und Software. Darauf aufbauend sind die Besonderheiten anderer Rechnerklassen skizziert. Die vierte Auflage enthält neue Ausführungen zu Workflow-Management- und Dokumenten-Management-Systemen, Data Warehouses, Data Mining, zur Einführung von Standardsoftware und vor allem zum Internet.

G. Schmidt

Informationsmanagement

Modelle, Methoden, Techniken

1996. XI, 181 S., 59 Abb. Brosch. **DM 36,-**;
öS 262,80; sFr 32,50 ISBN 3-540-61041-3

Die Grundlagen dieses Buches werden durch Hinweise zum Management der Entwicklung von Informations- und Kommunikationssystemen ergänzt.

M. Schader, M. Rundshagen,

Objektorientierte Systemanalyse

Eine Einführung

2. neubearb. u. erw. Aufl. 1996. X, 241 S. 124 Abb.
Brosch. **DM 39,80**; öS 290,60; sFr 35,50
ISBN 3-540-60726-9

Praxisnah und anschaulich führt das Buch in die objektorientierte Systemanalyse ein. Neben den Grundlagen stellen die Autoren ihren Ansatz vor, den sie mit vielen Beispielen und einer Fallstudie erläutern. Sie beschreiben außerdem den Übergang von der Analyse- in die Designphase und zeigen die Einsatzmöglichkeiten objektorientierter Entwurfsmuster und die heute verfügbare Computerunterstützung auf.

M. Schader, S. Kuhlins

Programmieren in C++

Einführung in den Sprachstandard

4., neubearb. u. erw. Aufl. 1997. XII, 386 S.
31 Abb., 9 Tab. Brosch. DM 48,-; öS 350,40;
sFr 43,- ISBN 3-540-61834-1

Das vorliegende Buch ist als Einführung und Nachschlagewerk zur Programmiersprache C++ geeignet. Nach den ersten Kapiteln, die den „C-Teil" von C++ behandeln, steht in der zweiten Hälfte das C++-Klassenkonzept im Vordergrund. Alle Sprachkonstrukte werden detailliert beschrieben und an Beispielen verdeutlicht. An die Kapitel schließt sich jeweils eine Reihe von Übungsaufgaben an. Der Text enthält die kompletten Syntaxregeln des neuesten Draft ANSI/ISO-C++-Standards und einen ausführlichen Index, der das gezielte Nachschlagen ermöglicht.

■ ■ ■ ■ ■ ■ ■ ■ ■ ■

 Springer

Springer-Verlag, Postfach 31 13 40, D-10643 Berlin, Fax 0 30 / 8 27 87 - 3 01 / 4 48, e-mail: orders@springer.de   BA96.10.28

Druck: STRAUSS OFFSETDRUCK, MÖRLENBACH
Verarbeitung: GANSERT, WEINHEIM/SULZBACH